W0357782

Der Umwelt zuliebe

ZERO-WASTE STUDENTEN KOCHBUCH

BETTINA
MATTHAEI

ZERO-WASTE STUDENTEN KOCHBUCH

Der Umwelt zuliebe

EMF

EIN BUCH DER
EDITION MICHAEL FISCHER

INHALT

Seite 26

ZWEITER EINKAUFSKORB 35

Seite 36

Seite 44

Seite 50

Seite 84

DRITTER EINKAUFSKORB 49

Seite 68

Seite 54

VIERTER EINKAUFSKORB 63

FÜNFTER EINKAUFSKORB 79

Seite 106

Seite 100

SECHSTER EINKAUFSKORB 93

SIEBENTER EINKAUFSKORB 105

ACHTER EINKAUFSKORB 117

Seite 120

VORWORT

Geiz ist schon lange nicht mehr geil, aber Sparen ist richtig cool. Und zwar cleveres Sparen. Indem man gute, frische Zutaten kauft und diese restlos verbraucht, anstatt billige Lebensmittel, von denen man dann die Hälfte wegwirft. Einfach weniger Abfall produzieren und den Einkäufen keine Chance geber, schlecht zu werden.

Weniger Abfall oder „Less Waste“ kl ngt super, aber wie setzt man das in der Praxis um? Gerade für einen Singlehaushalt scheint es fast unmöglich. Wie das dennoch klappt, zeigt dieses Buch. Und auch mit welchen Mitteln man viel Zeit, Energie und dadurch Geld spart, um am Ende richtig cooles Essen auf den Tisch zu bekommen: mit cleverer Wochenplanung, schlauer Vorratshaltung und ein paar Tricks, wie man Lebensmittel maximal ausnutzen kann, um am Ende möglichst wenig wegwerfen zu müssen. Das macht total zufrieden und ist schließlich auch gut fürs Karma ...

GRUNDLAGEN

CLEVER EINKAUFEN

DER CLEVERE EINKAUFSKORB

Um am Ende nicht so viel wegwerfen zu müssen, kommt gar nicht erst zu viel in den Korb rein. Klingt oberschlau, ergibt aber tatsächlich Sinn. Vor allem, wenn man die eingekauften Lebensmittel zu ganz unterschiedlichen Gerichten kombinieren kann und mit den Sachen, die man eh in der Vorratskammer hat, geschickt ergänzt. Die ganze Woche über gibt es frische, gesunde, abwechslungsreiche und leckere Gerichte, bis der Korb leer ist. Ohne besonderen Abfall und ohne schlechtes Gewissen. Man muss übrigens nicht zwingend alle 8 Rezepte kochen, vielleicht sind es nur 3 oder 4 oder man kocht sein Lieblingsgericht gleich zweimal.

STATT WEGWERFEN: KREATIVES FREITAGSESSEN

Klar, manchmal bleiben eben doch Reste, weil man keine Zeit zum Kochen hatte oder unterwegs war. Bevor am Wochenende wieder frisch eingekauft wird, wird aber alles, was wegmuss, zu einem Resteessen verarbeitet. Je nach Art der Reste wird das:

- ein Freestyle-Wok
- eine Leftover-Bowl
- eine Keine-Ahnung-was-drin-ist-Suppe
- ein Quer-durch-den-Kühlschrank-Smoothie
- eine Reste-Bentobox
- ein „Pot of the Week"
- oder ein köstliches gebackenes Ofengemüse

8 EINKAUFSKÖRBE = 8 REZEPT-KAPITEL = 64 REZEPTE

Am Wochenende wird dann ein neuer Korb gefüllt und mit den Einkäufen werden wieder ganz andere Rezepte gekocht. Damit es nie langweilig wird, gibt es 8 großartige Einkaufskörbe mit jeweils 8 Rezepten! Das Gute: Die Zutaten sind ganzjährig zu bekommen.

DIE REZEPTE SIND EASY...

Viele Studenten haben noch relativ wenig Kocherfahrung, deshalb sind die Rezepte wirklich einfach gehalten, in klaren Step-by-Step-Anleitungen. Dass die Rezepte dabei nicht eintönig sind, dafür sorgen Gewürze, Kräuter und geschmacklich spannende Kombinationen. Alle Rezepte sind für 1 Person berechnet, lassen sich nach Wunsch aber ganz einfach an eine größere Personenzahl anpassen.

... SIMPEL & ÜBERSCHAUBAR ...

Außer den üblichen Basiszutaten wie Essig, Öl, Reis oder Pasta, die man meistens zu Hause hat, werden nur 4–7 Zutaten für die ganze Woche gekauft. Das macht Planung, Einkäufe und auch das Kochen überschaubar.

... UND DAZU SCHNELL!

Fast alle Rezepte sind in 15–30 Minuten fertig, also meistens schneller als der Lieferservice. Und mit Sicherheit preiswerter und gesünder.

AB UND ZU FLEISCH

Gelegentlich ein Stück Fleisch ist vollkommen in Ordnung. In Zeiten von Fleischskandalen sollte es dann aber ein gutes Stück Bio-Fleisch sein. Wer aber lieber ganz darauf verzichtet, für den gibt es zu jedem Rezept mit Fleisch auch vegetarische Varianten.

MEISTENS VEGETARISCH UND MANCHMAL VEGAN

Frisch gekochte pflanzenbasierte Ernährung, ergänzt mit Hülsenfrüchten, Nüssen, Saaten, Gewürzen und Kräutern, gilt als besonders gesund. Dass solcherlei Gerichte außerdem meistens günstiger sind als ungesundes Fast Food, ist ein angenehmer Nebeneffekt.

GELD LÄSST SICH AUF UNTERSCHIEDLICHSTE ARTEN SPAREN

Regelmäßig, am besten wöchentlich, eine Bestandsaufnahme machen: Was ist noch im Vorratsschrank und Kühlschrank, und was muss als Erstes verbraucht werden?

Unentbehrliches Geldspar-Tool: der Einkaufszettel! Klingt nicht gerade innovativ, ist aber extrem effektiv. Der geht auch sehr gut auf dem Smartphone.

GANZ WICHTIG: DIE KÜHLSCHRANK-ORGANISATION

Das „Zuerst-weg-Fach": Ein Fach im Kühlschrank ist reserviert für Dinge, die zuerst wegmüssen. Nicht nach dem Mindesthaltbarkeitsdatum (MHD), sondern nach der Nase entscheiden, was noch gut ist. Das MHD bedeutet nicht, dass etwas, was gestern noch gut war, am nächsten Tag automatisch schlecht ist.

Also schnuppern und probieren! Auch checken, was noch ausreichend vorhanden und gut ist (Käse, Eier...) und nicht neu gekauft werden muss. Jetzt erst eine Einkaufsliste schreiben!

„FROM ROOT TO STALK" IST DER ANFANG VON ZERO WASTE

Auch so kann gespart werden: Reste kreativ verwerten, nach dem Prinzip „from root to stalk". Es ist erstaunlich, was sich aus Gemüseresten zaubern lässt, die man sonst achtlos weggeworfen hätte, z. B. die Stängel von Kräutern, die genauso ins Pesto kommen wie die Blättchen. Oder Radieschenblätter, Kohlrabiblätter und -stiele, der Strunk von Brokkoli und Blumenkohl, die Blattrippen vom Blumenkohl, die Rinde von Parmesan ... Diese nützlichen Tipps sind immer mal wieder in den Text eingestreut.

ZITRUSFRÜCHTE IMMER UNBEHANDELT KAUFEN

Die abgeriebene Schale von Zitronen, Limetten und Orangen ist ein wundervoll aromatisches Würzmittel, deshalb immer unbehandelte Früchte kaufen. Wenn nur eine kleine Menge gebraucht wird, trotzdem die ganze Schale abreiben, bevor die Frucht ausgepresst oder weiterverarbeitet wird. Die Schale einfach in kleinen Portionen einfrieren, am besten in einer Eiswürfelform. Die abgeriebenen und ausgepressten Zitronenhälften eignen sich immer noch für ein „Infused Water" oder zum Entkalken des Wasserkochers.

FRISCHE PETERSILIE

Glatte Petersilie ist das Kraut, das immer passt, weshalb sie auch in mehreren Einkaufskörben vorkommt. Größere Reste rechtzeitig hacken und einfrieren, bevor sie schlapp macht. Oder fein hacken und mit der doppelten Menge Olivenöl in ein Schraubglas füllen. Für Salatsaucen und Hummus oder als Topping auf Gemüse und Suppen verwenden. Darauf achten, dass die Oberfläche immer mit genug Öl bedeckt ist. So ist die Petersilienpaste lange haltbar. Das gilt auch für Minze, Thymian und andere Kräuter. Auch Reste von Pesto immer mit ausreichend Öl bedecken! Und Petersilienstiele, falls sie nicht im Rezept verarbeitet werden, einfach in einen Smoothie werfen und so eine Portion Gesundes zu sich nehmen.

AUCH BEI KONSERVEN KEINE RESTE

Die idealen Spar-Lebensmittel sind Hülsenfrüchte wie Bohnen oder Linsen bzw. Kichererbsen. Noch dazu sind sie gesund und perfekt für den Vorrat. Die Standarddose enthält 400 g bei ca. 250 g Abtropfgewicht. Das ist z. B. genau richtig für einen Hummus für 2 Personen – aber zu viel für einen Single? Kein Problem: In jedem Kapitel, in dem Hülsenfrüchte vorkommen, gibt es verschiedene Einsatzmöglichkeiten. Man kann auch Bowls und Salate damit ergänzen oder Smoothies gehaltvoller machen. Nicht verbrauchte Hülsenfrüchte in einer verschließbaren Clip-Box im Kühlschrank aufbewahren. So sind sie 3–4 Tage haltbar.

ZEIT & ENERGIE SPAREN HEISST AUCH GELD SPAREN

Eine richtig gute Investition ist ein Blitzhacker, mit dem man im Handumdrehen Pesto, Hummus, Gemüse-„Reis", Nussmus u. Ä. herstellt. Mit dem Blitzhacker wird gleich doppelt Energie gespart: Erstens ist er nur für Sekunden im Einsatz, und zweitens gart klein gehacktes Gemüse deutlich schneller.

Auch clever sind One-Pot-, Pfannen- oder Wokgerichte, bei denen statt drei Herdplatten nur eine angeheizt wird.

Quinoa oder Reis in größerer Menge vorkochen und portionsweise einfrieren. Auch Kartoffeln kann man gut vorkochen. Sie halten sich mehrere Tage im Kühlschrank.

AUFBEWAHRUNGSGLÄSER GANZ UMSONST

Luftdicht schließende Boxen sind praktisch und lassen sich im Kühlschrank gut stapeln. Aber ganz billig sind sie nicht. Ganz umsonst hingegen sind Schraubgläser von Essiggurken, Honig oder Marmelade. Kleine Schraubgläser sind ideal für Pesto oder Kräuter in Öl.

Grundausstattung
KÜCHE

Die absolut wichtigen Geräte, außer Kühlschrank, Herd und Tiefkühler(-fach):

- Stabmixer
- Blitzhacker
- kleiner und großer Topf
- kleine und große Pfanne oder Wok
- Schneidebrett
- kleines und großes Messer
- Schneebesen
- Sparschäler (super für Gemüsenudeln)
- Silikonspatel (zum Auskratzen von Pesto oder Hummus)
- grobe Reibe für Rösti
- kleine Reibe für Ingwer und Zitrusschalen
- Sieb, evtl. Dämpfkorb
- ein Satz verschließbarer Boxen für Reste und zum Einfrieren

WICHTIG

Bei Stabmixer und Blitzhacker sollte man nicht nur auf den Preis schauen, sondern auch auf die Power. Nur Geräte mit hoher Wattzahl helfen, Zeit zu sparen. Und sie machen viel mehr Spaß.

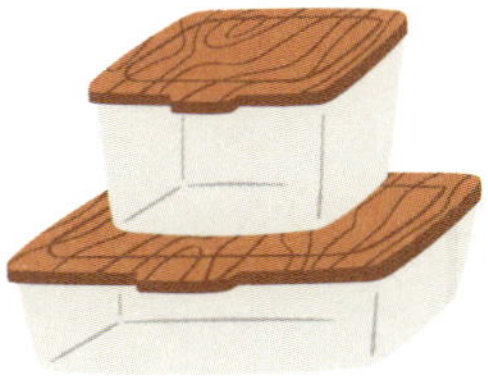

Der VORRAT

Fett gedruckt sind die absoluten Basics zum Starten. Danach wird nach und nach aufgestockt. Oft sind in den Einkaufskörben auch solche haltbaren Zutaten, die den Vorrat nach und nach aufstocken.

LANGE HALTBARE VORRÄTE

TROCKENE VORRÄTE

- **Reis, Nudeln,** Quinoa, Polenta, Bulgur, Couscous, **Haferflocken,** Speisestärke, Mehl, Paniermehl (z. B. Panko)
- **Gemüsebrühpulver**
- **Zucker, Salz,** Kräutersalz
- Gewürze: **schwarzer und grüner Pfeffer in der Mühle,** Kurkuma, **Cayennepfeffer, Chiliflocken**, Ras el Hanout, Currypulver, Paprikapulver, Muskatnuss, Schwarzkümmelsamen, gemahlener Kreuzkümmel, getrockneter Thymian, gemahlener Ceylon-Zimt

ESSIG, ÖL, HONIG & CO.

- **Olivenöl,** Kokosöl, Rapsöl
- **Apfelessig, Aceto balsamico,** Aceto balsamico bianco
- **Honig, Ahornsirup,** Agavendicksaft oder Reissirup
- Getrocknete Aprikosen und Datteln, Nüsse, Kakao, Tahin
- Konserven: **Tomaten, Kichererbsen, Thunfisch, weiße Bohnen,** Linsen, Mais, Kokosmilch

AUS DEM TIEFKÜHLER

- Spinat, Erbsen, Beeren und **Kräuter**

MÄSSIG HALTBARE VORRÄTE

AUS DEM KÜHLSCHRANK

- **Butter**
- **Eier**
- **Joghurt**
- **Frischkäse**
- Mozzarella
- **Feta**
- **Parmesan**
- **Gouda**
- Milch
- **Frühstücksspeck**
- Mayonnaise
- **Senf**
- **Sojasauce**
- **Tomatenmark**
- **Sambal Oelek**
- Indische und/oder Thai-Currypaste
- Oliven
- **Kapern**
- **Zitronen**

AUS OBST- UND GEMÜSEKORB

- **Zwiebeln**
- **Knoblauch**
- **Honig, Ahornsirup,** Agavendicksaft oder Reissirup
- **Kartoffeln** oder Süßkartoffeln

REZEPTE

nur aus dem Vorrat

Einkaufen vergessen oder keine Zeit gehabt? Überraschungsgäste kommen plötzlich? Oder der wöchentliche Einkaufskorb ist schon leer? Selbst aus wenigen Basics lassen sich viele Gerichte zaubern, z. B.:

PASTA ARRABIATA, TOMATENSAUCE, SAMBAL OELEK, PARMESAN

70–100 g Pasta in gut gesalzenem Wasser nach Packungsangabe zubereiten. Eine gehackte **Zwiebel** in **1 EL Olivenöl** glasig dünsten, **1–2 EL Tomatenmark** zugeben und **mit ½ Dose / Tetrapack stückigen Tomaten** („Pizzatomaten") ablöschen. **1 TL oder mehr Sambal Oelek** einrühren, **salzen und pfeffern.** Die Pasta abgießen, mit der Sauce mischen, mit frisch geriebenem **Parmesan** bestreuen.

PASTA MIT THUNFISCH-TOMATEN-SAUCE

70–100 g Pasta nach Packungsangabe zubereiten. Die Sauce, wie oben beschrieben, zubereiten, ohne Sambal Oelek. **½–1 Dose Thunfisch** (in Öl oder Lake) zerpflücken und in die heiße Sauce geben. Nicht mehr kochen und mit der Pasta mischen.

PASTA, FRISCHKÄSE-SAHNE-SAUCE, FRÜHSTÜCKSSPECK

70–100 g Pasta zubereiten. **50–70 g Frühstücksspeck** würfeln, in einer Pfanne ohne Fett bei mittlerer Hitze 8–10 Minuten auslassen. Den krossen Speck herausnehmen, in dem Fett eine gewürfelte **Zwiebel** glasig andünsten. 100 ml Brühe angießen, **70–100 g Doppelrahm-Frischkäse** darin verrühren, **salzen und pfeffern.** Mit der Pasta mischen, die krossen Speckstücke darüberstreuen.

VEGETARISCHE VARIANTE:
Vegetarier dünsten die Zwiebel in **1 EL Olivenöl** und bestreuen die Pasta mit **30 g grob geriebenem Parmesan.**

OMELETT ODER RÜHREI, FRÜHSTÜCKSSPECK, TK-KRÄUTER

50–70 g Frühstücksspeck würfeln, in einer Pfanne ohne Fett bei mittlerer Hitze 8–10 Minuten auslassen. Den krossen Speck herausnehmen, in dem Fett eine gewürfelte Zwiebel glasig andünsten. Inzwischen **2–3 Eier mit 50–70 ml Milch, Salz** und **Pfeffer** verrühren. Über die Zwiebel gießen und bei sanfter Hitze stocken lassen. Mit den Speckwürfeln bestreuen.

Alternativ ein Rührei zubereiten, indem man die Eiermasse bei sanfter Hitze verrührt. Falls vorhanden, mit **TK-Schnittlauch** oder **TK-Petersilie** bestreuen.

VEGETARISCHE VARIANATE:
Vegetarier dünsten die Zwiebel in **1 EL Olivenöl.**

KÄSE-OMELETT ODER KÄSE-RÜHREI

2–3 Eier mit **50–70 ml Milch, Salz** und **Pfeffer** verrühren. **15 g Butter** oder **1 EL Öl** in der Pfanne erhitzen, die Eiermasse bei sanfter Hitze stocken lassen. Nach 2 Minuten mit 30–40 g geriebenem Käse, z. B. **Gouda** bestreuen, einen Deckel auflegen und bei ausgeschalteter Herdplatte garen, bis das Omelett gestockt und der Käse verlaufen ist. Für ein Käse-Rühre den Käse gleich zu Beginn des Rührens zugeben.

TOMATENBULGUR MIT GESCHMORTEN ZWIEBELN UND TK-PETERSILIE

2 mittelgroße Zwiebeln würfeln, in **1–2 EL Öl** goldgelb bis goldbraun dünsten. **70 g Instant-Bulgur** nach Packungsangabe zubereiten, mit **½ Dose / Tetrapack stückigen Tomaten** und **1–2 EL Tomatenmark** mischen, salzen und pfeffern. **TK-Petersilie** untermischen. Die Zwiebeln daraufhäufen. Optional vorher geriebenen Parmesan untermischen.

Reste von Bulgur kann man sehr gut aufbraten und mit einem Spiegelei essen.

TOMATENPFANNE MIT VERLORENEN EIERN UND TK-PETERSILIE

1 gehackte Zwiebel in **1 EL Öl** in einer kleinen Pfanne glasig andünsten, **1 Dose / Tetrapack stückige Tomaten** (400 g) zugeben und erhitzen, mit **Salz, Pfeffer und Chili** würzen. **2 Eier** aufschlagen und vorsichtig in die köchelnden Tomaten gleiten lassen. So lange köcheln, bis das Eiweiß fest, die Eigelbe aber noch flüssig sind. Mit **TK-Petersilie** bestreuen.

WEISSE BOHNEN MIT SPECK-STIPPE

50–70 g Frühstücksspeck würfeln, in einer Pfanne ohne Fett bei mittlerer Hitze 8–10 Minuten auslassen. **2 mittelgroße Zwiebeln** schälen, längs halbieren, dann quer in Streifen schneiden. Den krossen Speck herausnehmen, in dem Fett die Zwiebeln goldgelb und weich dünsten. Die Flüssigkeit von **1 Dose mit weißen Bohnenkernen** abgießen und die Bohnen abtropfen lassen. Vorsichtig erhitzen, **50 g Doppelrahm-Frischkäse** einrühren, salzen und pfeffern. Die Zwiebeln mit dem Speck mischen und darauf anrichten. Falls vorhanden, mit etwas **Thymian** bestreuen.

VEGETARISCHE VARIANTE:

Vegetarier dünsten die Zwiebeln in **1 EL Olivenöl**. Zusätzlich **50 g Räuchertofu** klein würfeln und in **1 TL Olivenöl** scharf anbraten. Tofu und Zwiebeln mischen und über die Bohnen geben.

CHAMPIGNONS

Champignons werden als Zuchtpilze angeboten, weshalb das Reinigen sehr einfach ist. Auf keinen Fall die Pilze waschen, weil sie sich dann mit Wasser vollsaugen und matschig werden, sondern nur mit einem Messer schmutzige oder braune Stellen wegschneiden. Die Köpfe kann man mit einem leicht angefeuchteten Küchenpapier abreiben.

Beim Kauf darauf achten, dass die Köpfe noch fest und möglichst keine Lamellen sichtbar sind. Bei festen, geschlossenen Pilzen die Stiele einfach nur knapp wegschneiden, bei weiter geöffneten die Stiele komplett herausdrehen.

NOCH PILZE ÜBRIG?

Im Blitzhacker so fein wie möglich zerkleinern. Mit Zwiebeln und Knoblauch andünsten, so wie im Rezept für die Champignon-Cremesuppe (Seite 24) beschrieben. Mit etwa der gleichen Menge Kichererbsen zu einem Hummus oder Brotaufstrich verarbeiten.

TIPP:

Gesäuberte, herausgedrehte Stiele kann man noch wunderbar in einer Brühe auskochen. Sie geben einen tollen Geschmack!

ERSTER EINKAUFSKORB

IN UNSEREM ERSTEN EINKAUFSKORB BEFINDEN SICH MÖHREN, CHAMPIGNONS, FRÜHLINGSZWIEBELN, CASHEWKERNE, PETERSILIE UND EINE DOSE MIT LINSEN. ES IST ERSTAUNLICH, WIE MAN AUS DIESEN WENIGEN ZUTATEN UND EINIGEN BASICS, DIE MAN EH ZU HAUSE HAT, DIE UNTERSCHIEDLICHSTEN GERICHTE ZAUBERN KANN – ALLE SUPER EASY UND RICHTIG LECKER!

MÖHREN

Sie sind durch ihren süßlichen Geschmack absolut universell einsetzbar und schmecken roh als Sticks zum Dippen von Hummus, geraspelt als Rohkost, gebacken, gebraten, gedämpft und gedünstet. Man bekommt sie das ganze Jahr über ohne Grün.

Im Sommer gibt es sie mit frischem Grün im Bund. Dieses Grün kann man wunderbar zu einem Pesto verarbeiten:

50 g Möhrengrün waschen, trocken tupfen und grob hacken. Mit 1 geschälten Knoblauchzehe, 1 TL Abrieb von einer Bio-Zitrone und 25 g Mandelblättchen im Blitzhacker zerkleinern. 4 EL mildes Olivenöl unterrühren, dann 30 g frisch geriebenen Parmesan.

Mit Salz und Pfeffer würzen. Im Kühlschrank mindestens 2 Wochen haltbar, aber immer mit etwas Olivenöl bedecken.

FRÜHLINGSZWIEBEL

Das Gemüse mit Doppelnutzen: zarte Zwiebel und „Schnittlauch" in einem! Mal werden beide Teile in einem Rezept verwendet, manchmal nur das Grün, das man nicht nur in Ringe, sondern auch längs in schmale Streifen schneiden kann. Die grünen Teile werden am oberen Ende rasch welk, deshalb regelmäßig wegschneiden.

FRÜHLINGSZWIEBEL-RISOTTO

mit Butter-Möhren

ZUTATEN

200 g Möhren
40 g Butter
1 TL Zucker
Salz | frisch gemahlener schwarzer Pfeffer
200 ml Gemüsebrühe, evtl. etwas mehr
2 Frühlingszwiebeln
1 Knoblauchzehe
2 TL Olivenöl
80 g Risotto-Reis
¼ TL gemahlene Kurkuma
40 ml Weißwein, alternativ mehr Brühe
20 g Parmesan, frisch gerieben

Klassisches Risotto Milanese erhält seine gelbe Farbe von Safran. Da dies aber das teuerste Gewürz der Welt ist, greifen wir lieber zu Kurkuma, die zwar ein anderes Aroma hat, aber mindestens genauso schön gelb färbt.

Die Möhren schälen und in 1 cm dicke Scheiben schneiden. 30 g Butter erhitzen, den Zucker und 1 gute Prise Salz darin unter Rühren auflösen. Die Möhren zugeben und unter gelegentlichem Wenden bei mittlerer Hitze 20 Minuten sanft braten. Danach pfeffern und warmhalten.

Brühe zum Kochen bringen und am Sieden halten. Frühlingszwiebeln waschen und putzen. Das Weiße der Frühlingszwiebeln hacken, das Grüne separat in schmale Ringe schneiden. Den Knoblauch schälen und fein würfeln.

Das Zwiebelweiß im Öl glasig andünsten, Knoblauch dazugeben und kurz mitdünsten. Reis zugeben und unter Rühren ebenfalls andünsten, bis er glasig wird. Mit Kurkuma bestreuen, mit Wein oder etwas Brühe ablöschen. Sobald der Wein verkocht ist, so viel heiße Brühe zugeben, dass der Reis gerade bedeckt ist. Unter regelmäßigem Rühren nach und nach die Brühe zugeben. Das dauert 20–22 Minuten.

Wenn das Risotto fertig, also cremig, aber noch leicht bissfest ist, den Parmesan und die restliche Butter untermischen. Mit Salz und Pfeffer abschmecken. Die Hälfte der Zwiebelringe unterziehen. Mit den Möhren anrichten und den restlichen Zwiebelringen bestreuen.

Champignon- CREMESUPPE

ZUTATEN

175 g Champignons
1–2 Stängel glatte Petersilie
1 Schalotte
1 Knoblauchzehe
3 TL Olivenöl
175 ml Gemüsebrühe, evtl. etwas mehr
Salz | frisch gemahlener schwarzer Pfeffer
40 g Schmand (alternativ Doppelrahm-Frischkäse)
Cayennepfeffer

Diese Suppe ist Soulfood vom Feinsten – Seelenwärmer und Magenstreichler zugleich – und durchaus geeignet, sie auch mal für Gäste zu kochen. Dabei ist sie so einfach gemacht, dass selbst Anfänger keine Schwierigkeiten damit haben.

Die Champignons trocken putzen (nicht waschen). Die Stiele knapp wegschneiden (falls sie noch fest sind) oder herausdrehen. 3–4 Champignons in Viertel schneiden und beiseitelegen. Den Rest grob zerkleinern und im Blitzhacker sehr fein hacken. Die Petersilie waschen, trocken schütteln und hacken.

Schalotte und Knoblauch schälen und hacken. Die Schalotte in 2 TL Öl glasig andünsten, den Knoblauch kurz mitdünsten. Die fein gehackten Pilze zugeben und 1 Minute rührbraten. Die Brühe angießen und 5 Minuten köcheln lassen. Je nach gewünschter Konsistenz etwas mehr Brühe zugeben.

Inzwischen die restlichen Pilze in einer kleinen Pfanne ohne Fett 2 Minuten braten, dann salzen, pfeffern und das restliche Öl zugeben. Die Temperatur auf mittlere Hitze reduzieren und weitere 1–2 Minuten braten.

Die Suppe unter Zugabe von Schmand mit dem Stabmixer fein pürieren, mit Salz, Pfeffer und Cayennepfeffer pikant abschmecken. In eine Schale füllen, die gebratenen Pilze in die Mitte setzen und mit der Petersilie bestreuen.

TIPP

So wird daraus eine leckere Sauce für Pasta:
Anstelle von 175 ml Gemüsebrühe nur 1–2 EL Brühe zu den Pilzen geben und dann den Schmand einrühren. Nach gewünschter Konsistenz noch 1–2 EL Brühe zugeben. Mit der Pasta mischen und mit gebratenen Champignons toppen.

Champignon-Frühlingszwiebel-OMELETT

ZUTATEN

100 g Champignons
1 Frühlingszwiebel
2 Eier (Größe M)
30 g Schmand (alternativ Doppelrahm-Frischkäse)
Salz I frisch gemahlener schwarzer Pfeffer
2 TL Olivenöl
Chiliflocken, z. B. Piment d'Espelette

Die Champignons trocken putzen. Die Stiele knapp wegschneiden (falls sie noch fest sind) oder herausdrehen. In ca. 3 mm dicke Scheiben schneiden. Die Frühlingszwiebel waschen und putzen. Grün und Weiß separat in schmale Ringe schneiden. Die Eier mit Schmand, Salz und Pfeffer in einen schmalen Becher geben und mit dem Stabmixer glatt verrühren.

Die Pilze in einer Pfanne ohne Fett 2 Minuten braten, dann salzen und das Öl zugeben. Die Temperatur auf knapp mittlere Hitze reduzieren. Das Zwiebelweiß zugeben, die Eiermasse darübergießen und zugedeckt in 6–8 Minuten sanft stocken lassen. Mit dem Zwiebelgrün und Chiliflocken bestreuen und servieren.

CHAMPIGNON-FRÜHLINGSZWIEBEL-SALAT mit Cashewdressing

ZUTATEN

250 g Champignons
3 Frühlingszwiebeln
1 Knoblauchzehe
30 g Cashewmus (Rezept Seite 137)
1 TL Zitronensaft
Salz I frisch gemahlener schwarzer Pfeffer
Cayennepfeffer
2 TL Olivenöl

Die Champignons trocken putzen. Die Stiele knapp wegschneiden (falls sie noch fest sind) oder herausdrehen. In ca. 1 cm dicke Scheiben schneiden, diese je nach Größe halbieren oder dritteln, sodass man würfelähnliche Stücke bekommt. Die Frühlingszwiebeln waschen und putzen. Das Grün in schmale Ringe schneiden, das Weiß grob hacken. Den Knoblauch schälen und grob hacken.

Zwiebelweiß, Knoblauch, Cashewmus, Zitronensaft und 40 ml Wasser in einen schmalen Becher geben und mit dem Stabmixer sehr fein pürieren. Mit Salz, Pfeffer und Cayennepfeffer abschmecken, nochmals durchmixen und in eine kleine Schale füllen.

Die Pilze in einer Pfanne ohne Fett 2 Minuten braten, dann salzen und das Öl zugeben. Weitere 2 Minuten unter Rühren braten und pfeffern. Mit den Zwiebelringen mischen, das Dressing daraufgeben. Lauwarm oder kalt servieren.

POLENTA
mit gebratenen Möhren

ZUTATEN

200 g möglichst schmale Möhren
2 TL Olivenöl
1 EL Ahornsirup
1–2 TL Zitronensaft
Salz I frisch gemahlener schwarzer Pfeffer
1 TL Ras el Hanout
200 ml Gemüsebrühe
40 g Instant-Polenta
20 g Doppelrahm-Frischkäse
2–3 Stängel glatte Petersilie

Die Möhren schälen, längs vierteln, dann schräg in 2–3 cm große Stücke schneiden. Im Öl bei starker Hitze unter Rühren 3 Minuten anbraten. Den Ahornsirup zugeben und bei mittlerer Hitze weitere 4 Minuten köcheln. Mit Zitronensaft, Salz, Pfeffer und Ras el Hanout würzen, dann 3 Minuten bei geringer Hitze köcheln, bis die Möhren weich sind.

Inzwischen die Gemüsebrühe aufkochen, die Polenta einstreuen und 5 Minuten bei geringer Hitze köcheln lassen. Den Frischkäse einrühren, mit Salz und Pfeffer abschmecken. Polenta mit den Möhren anrichten. Die Petersilie waschen, trocken schüttlen, hacken und darüberstreuen.

MÖHREN-NUDELN
mit Linsen

ZUTATEN

2 gerade, möglichst dicke Möhren (200–230 g)
1 Frühlingszwiebel
½ Dose Linsen (125 g Abtropfgewicht)
1 Schalotte
1 Knoblauchzehe
4 TL Olivenöl
1 TL Ras el Hanout (nach Belieben mehr, alternativ Currypulver)
40 g Schmand (alternativ Frischkäse)
Salz I frisch gemahlener schwarzer Pfeffer
Cayennepfeffer (nach Belieben)

Möhren schälen und mit einem Spiralschneider in feine „Nudeln" schneiden. Frühlingszwiebel waschen und putzen. Das Weiß hacken, das Grün in 4–5 cm lange Stücke teilen, dann längs in dünne Streifen schneiden. Linsen in ein Sieb geben, abbrausen und abtropfen lassen.

Schalotte und Knoblauch schälen, hacken und zusammen mit dem Zwiebelweiß in 2 TL Öl glasig andünsten. Mit Ras el Hanout oder Currypulver bestäuben, mischen und kurz mitdünsten, dann die Linsen zugeben und untermischen. Schmand einrühren, salzen, pfeffern und nach Belieben mit mehr Gewürzmischung und etwas Cayennepfeffer nachwürzen. Bei geringer Hitze sanft köcheln lassen, falls nötig, 1–2 EL Wasser zugeben.

In einer Pfanne das restliche Öl erhitzen, die Möhren darin unter ständigem Rühren etwa 4 Minuten braten. Sie sollen noch bissfest sein. Salzen, pfeffern und in einer Schale mit den Linsen anrichten. Mit den Zwiebelstreifen bestreuen.

MÖHREN-BULGUR
mit Cashewkernen

ZUTATEN

20 g Cashewkerne
1 Frühlingszwiebel
2 Stängel glatte Petersilie
125 g Möhren
2 TL Zitronensaft
1 TL Abrieb von einer Bio-Zitrone
Salz | frisch gemahlener schwarzer Pfeffer
3 TL Olivenöl

Möhren sind nicht nur in der Zubereitung unglaublich vielseitig, man kann sie auch ganz unterschiedlich zerkleinern: In Scheiben oder Sticks schneiden, grob oder fein raspeln oder zu „Nudeln" schneiden. Und sie lassen sich im Blitzhacker zu Reiskorn-, Couscous- oder, wie hier, zu Bulgur-Größe zerhacken.

Die Cashewkerne in einer Pfanne ohne Fett goldbraun rösten. Herausnehmen und abkühlen. Die Frühlingszwiebel waschen und putzen. Das Grüne in schmale Ringe schneiden und beiseitestellen. Das Weiße grob hacken. Die Petersilie waschen und trocken schütteln, die Stiele grob hacken, die Blätter separat hacken. Die Möhren schälen und grob stückeln.

Cashewkerne im Blitzhacker auf Stufe 1 in kurzen Intervallen nicht zu fein hacken und herausnehmen. Zwiebelweiß, Petersilienstiele und Möhren zusammen in den Blitzhacker geben und zerkleinern, bis die Möhren die Größe von Bulgur haben.

Herausnehmen und mit Zitronensaft, Zitronenschale, Salz und Pfeffer würzen, das Öl darüberträufeln und untermischen, dann die Cashewkerne unterheben. Die Hälfte Petersilienblättchen und Zwiebelgrün untermischen und den Rest darüberstreuen.

TIPP

Man kann die Möhrenmischung auch in dem Öl 3–4 Minuten bissfest garen, dann, wie links beschrieben, weiterverarbeiten. Kein weiteres Öl zugeben. Der Möhren-Bulgur eignet sich sehr gut als Basis für eine Veggie-Bowl, zusammen mit Hummus (Seite 38, 52, 86 oder 94) und Avocadospalten oder gebratenen Champignons (Seite 24).

MÖHREN-LINSEN-DAL

mit Cashewkernen

ZUTATEN

2 Frühlingszwiebeln
1 Knoblauchzehe
100 g Möhren
½ Dose Linsen (125 g Abtropfgewicht)
15 g Cashewkerne
1 EL Olivenöl
1 EL Indische Currypaste (Fertigprodukt)
100 ml Gemüsebrühe
150 g Joghurt (3,5% Fett)
Salz I frisch gemahlener schwarzer Pfeffer
Cayennepfeffer

Die indischen und pakistanischen Dals sind eintopfartige Gerichte aus Linsen oder anderen Hülsenfrüchten, meist cremig gekocht und kräftig gewürzt. Anstelle vieler verschiedener Gewürze verwenden wir eine fertige Currypaste, die die typisch indischen Aromen enthält. Achtung: Currpasten unterscheiden sich teilweise deutlich in der Schärfe, deshalb sind die Symbole mit 1, 2 oder 3 Chilischoten auf der Verpackung eine gute Orientierungshilfe.

Frühlingszwiebeln waschen und putzen, das Weiß und Hellgrün hacken, das Dunkelgrün in schmale Ringe schneiden. Den Knoblauch schälen und fein hacken. Die Möhren schälen, waschen und grob stückeln. Im Blitzhacker zu Reiskorngröße hacken. Die Linsen abgießen und abtropfen lassen. Die Cashewkerne in einer kleinen Pfanne ohne Fett anrösten.

Die gehackten Frühlingszwiebeln im Öl andünsten, den Knoblauch kurz mitdünsten. Die Möhren zugeben und unter Rühren 2 Minuten mitdünsten. Die Currypaste zugeben, unter die Möhren mischen und 1 Minute unter Rühren mitdünsten. Die Brühe angießen und aufkochen. Die Linsen zugeben und 5 Minuten köcheln lassen, dabei gelegentlich umrühren.

Die Temperatur reduzieren, die Hälfte des Joghurts einrühren. Mit Salz, Pfeffer und Cayennepfeffer pikant abschmecken. Den restlichen Joghurt als Klecks auf das Dal setzen, mit Cashewkernen und Zwiebelringen bestreuen.

TIPP

Das Dal eignet sich auch sehr gut als Füllung für eine Ofenkartoffel (Rezept Ofenkartoffel Seite 108).

AVOCADOS

Sie sind beim Kauf meist noch knallhart. Wenn man öfter Avocados isst, sollte man immer ein paar mehr kaufen. Einfach bei Zimmertemperatur reifen lassen, und wenn sie auf Druck leicht nachgeben, verbrauchen oder für mehrere Tage im Kühlschrank lagern.

Man sollte sie keinesfalls neben Bananen oder Kiwis lagern, weil sie dann schnell faul werden.

Soll es schnell gehen: Die ganze Avocado in Alufolie einwickeln und 10 Minuten bei 200 °C (Ober-/Unterhitze) backen. Oder halbieren, entkernen und 3–5 Minuten auf niedriger Stufe in der Mikrowelle nachreifen lassen.

Überhaupt sieht man einer Avocado ihr Innenleben nicht an. Manche sind faulig oder unangenehm faserig. Auch deshalb besser 1–2 Stück mehr kaufen.

BIRNEN

Sehr reife Früchte sollten möglichst schnell gegessen werden, noch harte Früchte reifen bei Zimmertemperatur nach. Danach kann man sie noch länger im Kühlschrank aufbewahren.

ZWEITER EINKAUFSKORB

UNSER ZWEITER WARENKORB SIEHT EBENFALLS VERLOCKEND AUS: KNOLLENSELLERIE UND RUCOLA, BIRNEN UND AVOCADOS, DAZU FLAMMKUCHENTEIG UND FRÜHSTÜCKS-SPECK. ZUTATEN, DIE IMMER ZU BEKOMMEN SIND UND ZU IMMER WIEDER NEUEN REZEPT-VARIANTEN INSPIRIEREN.

RUCOLA

Rucola zu putzen ist etwas mühsam. Am besten gleich die ganze gekaufte Menge verlesen, die langen Stiele abknipsen, dann sehr gründlich waschen und trocken schleudern. In einer Plastiktüte oder in einer verschließbaren Box hält er sich jetzt im Kühlschrank mehrere Tage frisch.

KNOLLENSELLERIE

Frisch angeschnitten, oxidiert Knollensellerie sehr schnell und färbt sich braun. Deshalb sollte er nach dem Schneiden sehr zügig verarbeitet werden. Oder man stoppt die Oxidation mit etwas Apfelessig oder Zitronensaft. Angeschnittenen Sellerie damit einreiben und, mit Frischhaltefolie bedeckt oder in ein Bienenwachstuch eingewickelt, im Kühlschrank lagern.

FLAMMKUCHEN

mit Birnen und Frühstücksspeck

ZUTATEN

50 g Frühstücksspeck
80 g rote Zwiebeln
½ Flammkuchenteig (Fertigprodukt)
50 g Schmand
Salz | frisch gemahlener schwarzer Pfeffer
½ Birne
1 kleine Handvoll Rucola

Diese Variante gehört zu den Klassikern unter den Flammkuchen. Die herzhafte Würze der Zwiebeln verbindet sich mit der Süße der Birnen und dem krossen Speck zu einer köstlichen Einheit. Pfeffriger Rucola sorgt für Frische und noch mehr Geschmack!

Den Frühstücksspeck in 1 cm breite Streifen schneiden. In einer Pfanne ohne Fett bei mittlerer Hitze 3 Minuten anbraten. Herausnehmen, die Pfanne dabei schräg halten, damit das ausgelassene Fett zurückbleibt. Die Zwiebeln schälen, längs halbieren und quer in Streifen schneiden. Die Zwiebeln im Restfett in der Pfanne 3 Minuten glasig andünsten, herausnehmen und abkühlen.

Den Ofen auf 200 °C (Umluft) vorheizen. Den Teig mitsamt der Folie auf ein Backblech legen (restlichen Teig fest verschlossen im Kühlschrank aufbewahren und anderweitig verarbeiten, siehe Tipp rechts). Den Schmand mit Salz und Pfeffer glatt rühren, den Teig damit bestreichen, dabei einen Rand von 1 ½ cm freilassen. Die Birne schälen, entkernen, in Scheibchen schneiden und auf dem Schmand verteilen. Dazwischen Zwiebeln und Frühstücksspeck verteilen. Im vorgeheizten Ofen (Mitte) 15 Minuten backen.

Inzwischen den Rucola verlesen, lange Stiele abknipsen, gründlich waschen und trocken tupfen. Über den fertigen Flammkuchen streuen und sofort servieren.

VEGETARISCHE VARIANTE:

Vegetarier ersetzen den Frühstücksspeck durch **20 g geriebenen Parmesan**. Zusätzlich wird **1 EL Olivenöl** zum Anbraten der Zwiebeln benötigt.

TIPP

Aus der anderen Hälfte Teig kann man pikante Cräcker oder Gebäckstreifen backen und z. B. zum Dippen von Hummus oder als Beilage zu Suppen und Salaten servieren. Den Teig in die gewünschte Form schneiden oder ausstechen. 1 Eigelb mit 1 EL Milch glatt rühren, die Teigstücke damit bestreichen. Nach Belieben mit etwas Meersalzflocken, Sesam oder geriebenem Parmesan bestreuen. Im vorgeheizten Ofen (Mitte) bei 200 °C (Umluft) 15 Minuten backen.

Avocado-Birnen-SMOOTHIE

ZUTATEN

1 kleine oder ½ große Birne
1 kleine Avocado
75 g Magerquark
2 TL Zitronensaft
Salz
1–2 TL Agavendicksaft (nach Belieben)

Die Birne schälen, vierteln, entkernen und grob stückeln. Die Avocado halbieren, entkernen und das Fruchtfleisch aus der Schale lösen. Etwas zerkleinern und zusammen mit Quark und 100 ml Wasser in den Standmixer geben und fein pürieren oder in einen schmalen Becher geben und mit dem Stabmixer fein pürieren. Mit Zitronensaft und etwas Salz abschmecken.

Man kann den Smoothie mit Agavendicksaft etwas süßen, was aber, wenn die Birne sehr süß ist, kaum nötig ist.

Avocado-HUMMUS

ZUTATEN

½ Avocado
½ Dose Kichererbsen (125 g Abtropfgewicht)
1–2 TL Zitronensaft
1 TL Abrieb von einer Bio-Zitrone
Salz | frisch gemahlener grüner Pfeffer

Die Avocado entkernen, das Fruchtfleisch herauslösen und in Stücke schneiden. Die Kichererbsen abgießen (dabei die Flüssigkeit auffangen), abtropfen lassen und zusammen mit 2 EL der Dosenflüssigkeit, 1 TL Zitronensaft und der Avocado in den Blitzhacker geben und so fein wie möglich pürieren. Mit Zitronenschale, Salz und Pfeffer abschmecken, evtl. etwas mehr Zitronensaft zugeben. Nochmals durchmixen.

TIPP
SMOOTHIE-BOWL

Mit 100 ml Wasser ist der Smoothie recht dicklich und eignet sich für eine Smoothie-Bowl. Nach Geschmack mit Nüssen, Kernen, Beeren oder klein geschnittenen anderen Früchten belegen.
Will man den Smoothie lieber trinken, gibt man zusätzlich 200–250 ml Wasser in den Mixer.

SELLERIEPÜREE
mit Frühstücksspeck-Topping

ZUTATEN

250 g Knollensellerie
1 ½ EL Olivenöl
2 Scheiben Frühstücksspeck
1 EL Sonnenblumenkerne
30 g Doppelrahm-Frischkäse
Salz | frisch gemahlener grüner Pfeffer
Cayennepfeffer

Das Selleriepüree – mit oder ohne Topping – passt auch wunderbar zu Frikadellen, Hähnchenbrustfilet oder zu Spiegel- oder weich gekochten Eiern.

Den Sellerie schälen, waschen, trocken tupfen und in 2 cm große Würfel schneiden. In einer Pfanne das Öl erhitzen, die Würfel darin farblos andünsten. Die Temperatur auf niedrige Stufe reduzieren und den Sellerie zugedeckt in 20 Minuten sanft dünsten, ohne dass er Farbe annimmt (die Menge Öl ist nur notwendig, um den Sellerie zu garen, wird aber nicht vom Sellerie aufgesogen. Das Öl kann noch sehr gut wiederverwendet werden).

Inzwischen eine kleine Pfanne auf mittlerer Stufe erhitzen, den Speck ohne Fett 5 Minuten sanft braten, wobei ein großer Teil des Fetts austritt. Danach wenden und weitere 3 Minuten braten, die Temperatur evtl. weiter reduzieren. Speck herausnehmen, auf Küchenpapier abtropfen und fest werden lassen. Das ausgetretene Fett aufbewahren. Die Sonnenblumenkerne in einer Pfanne ohne Fett goldbraun rösten, herausnehmen und abkühlen lassen. Den Speck zerbröseln und mit den Sonnenblumenkernen mischen oder im Mörser grob zerstampfen.

Den Sellerie aus der Pfanne nehmen, das Öl abgießen. Den Sellerie in einen schmalen Becher geben, unter Zugabe vom Frischkäse mit dem Stabmixer fein pürieren, mit Salz, Pfeffer und Cayennepfeffer pikant abschmecken. Mit dem Topping bestreuen und servieren.

VEGETARISCHE VARIANTE:
Vegetarier ersetzen den Speck durch **50 g gewürfelten Räuchertofu**, der in **2 TL Olivenöl** knusprig gebraten und dann mit den Sonnenblumenkernen gemischt wird.

SELLERIE-NUDELN *mit Pesto-Sahne-Sauce*

ZUTATEN

1 kleine Handvoll Rucola
1 Schalotte
2 TL Olivenöl
50 ml Gemüsebrühe, evtl. etwas mehr
50 g Schmand
2–3 EL Rucola-Sonnenblumenkern-Pesto (Rezept Seite 74)
Salz I frisch gemahlener schwarzer Pfeffer
2 TL Zitronensaft (alternativ Apfelessig)
1 Knollensellerie (ca. 250 g)

Den Rucola verlesen, die langen Stiele abknipsen, dann gründlich waschen und trocken tupfen. Die Schalotte schälen und fein hacken, im Öl glasig andünsten, mit der Brühe ablöschen, den Schmand und das Pesto einrühren. Nach gewünschter Konsistenz evtl. etwas mehr Brühe zugeben. Mit Salz und Pfeffer abschmecken und warm halten.

In einem Topf kräftig gesalzenes Wasser zum Kochen bringen. Zitronensaft oder Essig zufügen. Den Sellerie schälen, abspülen und in millimeterfeine Scheiben hobeln, dann zu „Bandnudeln" schneiden. In das kochende Wasser geben und ca. 1 ½ Minuten blanchieren. Danach abgießen, abtropfen lassen und noch heiß mit der Pesto-Sahne-Sauce mischen. Mit Rucola garnieren.

GEBRATENE AVOCADO-SPALTEN *auf Birnen-Rucola-Salat*

ZUTATEN

2 TL Aceto balsamico bianco
1 TL Ahornsirup (alternativ Agavendicksaft)
1 TL Dijonsenf
Salz I frisch gemahlener schwarzer Pfeffer
3 TL Olivenöl
1 mittelgroße Birne
1 EL Sonnenblumenkerne
1 Handvoll Rucola
½ Avocado

Essig mit Sirup, Senf, Salz und Pfeffer verrühren, 2 TL Öl unterschlagen. Birne schälen, vierteln, entkernen und quer in Scheibchen schneiden. In einer Schale mit dem Dressing vermengen und bis zur Verwendung marinieren.

Die Sonnenblumenkerne in einer Pfanne ohne Fett goldbraun rösten, auf einem Teller abkühlen lassen. Den Rucola verlesen, lange Stiele abknipsen, große Blätter in kleinere Stücke reißen. Gründlich waschen und trocken tupfen. Die Avocado entkernen, das Fruchtfleisch herausheben und in Spalten schneiden. Im restlichen Öl bei starker Hitze von jeder Seite etwa 2 Minuten braten, salzen und pfeffern.

Den Rucola in eine Schale füllen, darauf die marinierte Birne und die Avocado anrichten und mit den Sonnenblumenkernen bestreuen.

SELLERIE-BIRNEN-SUPPE

mit Frühstücksspeck-Chips

ZUTATEN

1 kleine Schalotte (alternativ ½ kleine Zwiebel)
½ Birne
125 g Knollensellerie
1 TL Olivenöl
5 g Butter
125 ml Gemüsebrühe
2 Scheiben Frühstücksspeck
30 g Schmand
50 ml Milch
Salz
Cayennepfeffer

Die fruchtige Süße der Birne schafft eine perfekte geschmackliche Balance zum leicht erdigen Sellerie. Sollte die Birne sehr süß sein, kann man mit einigen Spritzern Zitronen- oder Limettensaft dagegensteuern.

Die Schalotte schälen und fein würfeln. Die Birne schälen und in knapp 2 cm große Stücke schneiden. Den Sellerie schälen, abspülen, trocken tupfen und grob stückeln. Im Blitzhacker zu Reiskorngröße zerkleinern.

Das Öl erhitzen, die Butter darin schmelzen, die Schalotte darin glasig andünsten. Den Sellerie zugeben, unter Rühren andünsten. Die Birne zugeben und unter Rühren 1 Minute mitdünsten. Die Brühe angießen, aufkochen und zugedeckt 15 Minuten köcheln lassen.

Inzwischen eine kleine Pfanne auf mittlerer Stufe erhitzen, den Frühstücksspeck ohne weiteres Fett einlegen und 5 Minuten sanft braten, wobei ein großer Teil des Fetts austritt. Danach wenden und weitere 3 Minuten braten, die Temperatur evtl. weiter zurücknehmen. Den Frühstücksspeck herausnehmen, auf Küchenpapier abtropfen und fest werden lassen. Das ausgetretene Fett kann anderweitig verwendet werden (siehe Tipp).

Die Suppe unter Zugabe von Schmand und der Hälfte der Milch mit dem Stabmixer fein pürieren. Je nach gewünschter Konsistenz die restliche Milch zugeben. Mit Salz und Cayennepfeffer abschmecken. In eine Schale füllen, die Frühstücksspeck-Chips dazu servieren.

TIPP

Das Speckfett kann man entweder fest werden lassen und als Schmalz verwenden. oder man brät dünne Scheiben von Baguette darin, als „Crostini". Das Baguette kann gerne vom Vortag sein (siehe auch: Resteverwertung Brot, Seite 131). Man kann das Fett auch wieder erhitzen und über Gemüse träufeln oder Eier darin braten.

AVOCADO-BIRNEN-TATAR

mit Rucola

ZUTATEN

1 Handvoll Rucola
½ Birne (ca. 100 g)
1 kleine Avocado
1–2 TL Limettensaft
Salz I frisch gemahlener grüner Pfeffer
50 g Schmand

Den Rucola verlesen, die Stiele abknipsen, dann gründlich waschen und trocken tupfen. Die Hälfte sehr fein hacken, den Rest ganz lassen. Die Birne schälen und vierteln, das Kerngehäuse herausschneiden, dann 5 mm groß würfeln. Die Avocado halbieren, entkernen, das Fruchtfleisch herauslösen und ebenfalls 5 mm groß würfeln.

Die Birnen- und Avocadowürfel mit gehacktem Rucola mischen und mit Limettensaft beträufeln. Salzen und pfeffern, mit dem Schmand vermischen und anrichten, das geht z. B. mithilfe eines Dessertringes. Mit den ganzen Rucolablättern garnieren.

SCHARFE AVOCADO-SCHOKO-MOUSSE

mit karamellisierter Birne

ZUTATEN

1 mittelgroße Birne (z. B. Abate)
15 g Butter
2 TL Zucker
Salz
1 kleine Avocado
1 EL Ahornsirup (alternativ Agavendicksaft)
1 EL Backkakao
2 Msp. Cayennepfeffer

Die Birne schälen und vierteln, das Kerngehäuse herausschneiden. Die Viertel quer in Scheibchen schneiden. Die Butter schmelzen, bis sie schäumt, die Birne darin je nach Festigkeit 3–5 Minuten weich dünsten. Mit Zucker und ein wenig Salz bestreuen und 2–3 Minuten weiterdünsten, dabei öfter wenden, bis sich der Zucker gelöst hat.

Inzwischen die Avocado halbieren, entkernen und das Fruchtfleisch herauslösen. Mit dem Ahornsirup in einen schmalen Becher geben und mit dem Stabmixer fein pürieren. Mit einem Löffel das Kakaopulver, ein wenig Salz und den Cayennepfeffer unterrühren.

Die Mousse in eine Schale füllen und, mit der Birne garniert, anrichten.

TIPP

Das Tatar durch ein Räucherforellenfilet und etwas Meerrettich ergänzen!

ROTE ZWIEBELN

Sie sind süßer und milder als ihre gelben oder weißen Kollegen, können aber problemlos durch diese ersetzt werden. Sie werden bei Zimmertemperatur möglichst luftig und lichtgeschützt gelagert, z. B. in einem Korb in einer locker verschlossenen Papiertüte. Sollten sie dennoch grüne Triebe auskeimen, ist das kein Problem. Anders als beim Knoblauch sind die Triebe essbar – ähnlich wie Frühlingszwiebeln.

ROSMARIN

Er schafft es, auch ganz normalen Gerichten einen mediterranen Touch zu geben. Man kann ganze Zweige in der Pfanne mitbraten, oder man streift die Nadeln ab, hackt sie sehr fein und gibt sie dann an die Gerichte.

ÄPFEL

Äpfel reifen bei Zimmertemperatur nach und werden irgendwann schrumpelig. Um das zu vermeiden, lagert man sie am besten im Kühlschrank, aber nicht neben anderem Obst, da sie das Gas Ethylen abgeben, das anderes Obst und Gemüse schneller reifen lässt.

DRITTER EINKAUFSKORB

DA HAT MAN SCHON ALLES EINGEKAUFT, UND DANN KOMMT ETWAS DAZWISCHEN. KEIN PROBLEM MIT DIESEM EINKAUFSKORB: ÄPFEL, KÜRBIS, ZWIEBELN, GETROCKNETE APRIKOSEN UND DIE WEISSEN BOHNEN AUS DER DOSE SIND WOCHENLANG HALTBAR. ROSMARIN IM TOPF HÄLT LANGE AUF DER FENSTERBANK ODER AUF DEM BALKON. UND DIE PETERSILIE KANN MAN NOTFALLS HACKEN UND EINFRIEREN.

KÜRBIS

Von allen Kürbissorten ist der Hokkaido mit Abstand am praktischsten, man kann die Schale nämlich mitessen. Man muss nur den Stiel und gelegentlich vorkommende harte Stellen auf der Schale wegschneiden, den Kürbis dann halbieren, entkernen und je nach Rezept weiterverarbeiten. Die Kerne muss man nicht wegwerfen!

KÜRBISKERNE RÖSTEN

Von einem Kürbis die herausgekratzten Kerne grob von den Fasern trennen. In eine Schüssel mit Wasser geben und mit den Händen ordentlich rubbeln, um weitere Fasern zu lösen. Abgießen und zwischen mehreren Lagen Küchenpapier weiterrubbeln, wobei letzte Faserreste entfernt werden.

1–2 EL Olivenöl mit 1 TL Zucker, ½–1 TL Ras el Hanout oder Curry und ¼ TL Salz verrühren, die Kerne darin wenden, bis sie rundum benetzt sind. Auf ein mit Backpapier ausgelegtes Blech verteilen und bei 160 °C (Umluft) 20–25 Minuten rösten. Nach der halben Zeit einmal wenden. Abkühlen und in einer verschließbaren Box aufbewahren.

KÜRBISPOMMES
mit Aprikosendip

ZUTATEN
für 2 Gläser à 230 ml

FÜR DEN APRIKOSENDIP

250 g rote Zwiebeln
100 g getrocknete Aprikosen
2 EL Olivenöl
125 g Zucker
50 ml Wasser
Salz
1 EL Apfelessig (alternativ Aceto balsamico bianco)

FÜR DIE KÜRBISPOMMES

200–250 g Hokkaido
2 TL Speisestärke (alternativ Reismehl, siehe Tipp)
1 TL Paprikapulver
Cayennepfeffer
1 TL Zwiebelpulver (nach Belieben)
2 TL Olivenöl
Salz

Für diese „Pommes" braucht man weder geeignete Kartoffeln, noch eine Fritteuse: Die Kürbis-Sticks backen problemlos im Ofen und sind zusammen mit dem pikanten Aprikosendip absolut köstlich!

FÜR DEN APRIKOSENDIP:
Die Zwiebeln schälen und ca. 5 mm groß würfeln. Die Aprikosen in kleine Stücke schneiden. Die Zwiebeln im Öl glasig andünsten, die Aprikosen zugeben und 2 Minuten mitdünsten. Zucker und Wasser zugeben, unter Rühren aufkochen und ohne Deckel 10–15 Minuten köcheln lassen, bis die Aprikosen weich sind. Mit Salz und Essig abschmecken. Mit dem Stabmixer fein pürieren, falls nötig 1–2 EL Wasser zugeben.

2 saubere Schraubgläser mit kochend heißem Wasser ausspülen. Die Masse einfüllen, die Gläser zuschrauben und 5 Minuten auf den Kopf stellen, damit sich ein Vakuum bildet. Dann aufrecht stellen und komplett auskühlen lassen.

FÜR DIE KÜRBISPOMMES:
Den Ofen auf 220 °C (Umluft) vorheizen. Den Kürbis waschen, trocken tupfen und in 1 cm breite, möglichst gleichmäßige Stifte schneiden. Die Stärke mit den Gewürzen mischen. Kürbisstifte in einer Schüssel mit der Mehlmischung bestäuben und gründlich mischen. Mit Öl beträufeln und wieder gut mischen.

Auf einem mit Backpapier ausgelegten Blech verteilen, dabei sollen sich die Kürbisstifte nicht berühren. 15 Minuten backen, dabei einmal wenden. Die fertigen Pommes salzen und mit dem Aprikosendip servieren.

TIPP ZU DEN POMMES

Wenn man kein Stärkemehl oder Reismehl hat: Reiskörner lassen sich im Blitzhacker zu Reismehl verarbeiten. Danach durchsieben und dann nur das feine Reismehl verwenden.

TIPP ZUM DIP

Es lohnt sich, von dem Dip gleich etwas mehr zu machen, die Menge reicht für 2 kleine Gläser: 1 Glas für den Vorrat. Im Kühlschrank ist es ungeöffnet mehrere Wochen haltbar. Das angebrochene 2. Glas innerhalb von 2 Wochen verbrauchen.

Kürbis-Walnuss-HUMMUS

ZUTATEN

25 g Walnusskerne
1 Knoblauchzehe
75 g gebackener Kürbis (siehe Grundrezept Kürbisspalten, Seite 58)
100 g weiße Bohnen (aus der Dose, Abtropfgewicht)
3 TL Olivenöl
½ TL Abrieb von einer Bio-Zitrone
1–2 Spritzer Zitronensaft
Salz I frisch gemahlener schwarzer Pfeffer
Cayennepfeffer
Chiliflocken

2 Walnusskernhälften grob hacken und beiseitestellen. Den Knoblauch schälen und grob hacken. Die restlichen Walnüsse mit dem Knoblauch im Blitzhacker sehr fein zerkleinern. Den Kürbis grob stückeln und 1 EL Flüssigkeit aus der Bohnendose, Bohnen, 2 TL Olivenöl und Zitronenschale zugeben und alles so fein wie möglich pürieren. Masse, die beim Pürieren im Behälter hochspritzt, mit einem Silikonspatel nach unten schieben und nochmal pürieren.

Den Hummus mit Zitronensaft, Salz, Pfeffer und Cayennepfeffer würzen und in eine Schale füllen. Restliches Olivenöl darüberträufeln, mit Walnüssen und Chiliflocken bestreuen.

KÜRBIS-TAJINE mit getrockneten Aprikosen

ZUTATEN

125 g Hokkaido (geputzt und entkernt)
50 g getrocknete Aprikosen
1 rote Zwiebel (ca. 75 g)
1 EL Olivenöl
1 ½ TL Ras el Hanout
125 ml Gemüsebrühe, evtl. etwas mehr
¼ Dose große weiße Bohnen (ca. 60 g)
Salz I frisch gemahlener schwarzer Pfeffer
Cayennepfeffer
1–2 TL Agavendicksaft (nach Belieben, alternativ heller Honig)
1–2 Stängel glatte Petersilie

Den Kürbis in 2 cm große Stücke schneiden. Die Aprikosen in Streifen schneiden. Die Zwiebel schälen, längs halbieren und in Spalten schneiden.

Zwiebeln im Öl glasig andünsten. Kürbis zugeben und unter Rühren 2 Minuten andünsten. Aprikosen kurz mitdünsten, mit 1 TL Ras el Hanout würzen, Brühe angießen, aufkochen und zugedeckt 10 Minuten köcheln lassen. Bohnen abbrausen, abtropfen und untermischen und weitere 5–10 Minuten zugedeckt köcheln lassen, bis der Kürbis gar und die Aprikosen weich sind. Falls nötig, etwas mehr Brühe angießen.

Mit Salz, Pfeffer, Cayennepfeffer und evtl. etwas mehr Ras el Hanout würzen. Nach Belieben mit etwas Agavendicksaft oder Honig abschmecken. Die Petersilie waschen, trocken schütteln, hacken und darüberstreuen.

Kürbis-Aprikosen-CHUTNEY

ZUTATEN
für 2 Gläser à 230 ml

150 g rote Zwiebeln
1 Stück Hokkaido (ca. 150 g, geputzt und entkernt)
100 g getrocknete Aprikosen
2 EL Olivenöl
Salz
1–2 TL Currypulver
100 g Zucker
2 TL Apfelessig
1–2 TL Sambal Oelek (schärfer) oder Sambal Manis (milder)

Von diesem Chutney sollte man mindestens 1–2 Gläser im Vorrat haben und es immer dann einsetzen, wenn ein Essen zu langweilig erscheint. Geschmacklich hat es von allem etwas: Es ist süß und säuerlich, würzig und angenehm scharf. Eine tolle Ergänzung z. B. zu Reisgerichten und Hähnchen.

Die Zwiebeln schälen und ca. 5 mm groß würfeln. Den Kürbis waschen, mit der Schale in 5 mm dicke Streifen schneiden und diese dann würfeln. Die Aprikosen klein würfeln.

Die Zwiebeln im Öl glasig andünsten, den Kürbis zugeben und 2 Minuten mitdünsten. Die Aprikosen zugeben, weitere 2 Minuten mitdünsten, mit ½ TL Salz und Curry bestäuben, gut mischen und mit 100 ml Wasser angießen. Den Zucker zugeben, aufkochen und zugedeckt bei mittlerer Hitze 10 Minuten köcheln lassen. Dann ohne Deckel 8–10 Minuten köcheln, bis die Masse marmeladenartig eingekocht ist. Mit Essig und Sambal Oelek abschmecken.

2 saubere Schraubgläser mit kochend heißem Wasser ausspülen. Die Masse einfüllen, die Gläser zuschrauben und 5 Minuten auf den Kopf stellen, damit sich ein Vakuum bildet. Dann aufrecht stellen und komplett auskühlen lassen.

TIPP

Das Chutney hält sich im Kühlschrank mehrere Wochen und passt besonders gut zu Käse oder zu kaltem Fleisch und Schinken.

Kürbis-
CREMESUPPE

ZUTATEN

1 kleine rote Zwiebel (alternativ 1 Schalotte)

1 roter Apfel

2 TL Olivenöl

200 ml Gemüsebrühe

125 g gebackener Kürbis (siehe Grundrezept Kürbisspalten, Seite 58)

Salz | frisch gemahlener schwarzer Pfeffer

Cayennepfeffer

einige Spritzer Zitronensaft

1–2 TL Agavendicksaft (nach Belieben, alternativ heller Honig)

1EL cremiger Joghurt (alternativ Crème fraîche)

3 Walnusskernhälften

Kürbis ist offen für alle Geschmacksvariationen, weshalb dieses Rezept nicht strikt befolgt werden muss, es ist eher als ein Basis-Rezept zu verstehen. Je nachdem, was man im Haus sonst noch hat, kann man den Apfel durch Birne, Mango, Ananas oder Aprikosen ersetzen. Statt der Walnüsse dürfen es auch Erdnüsse, Cashews, Kokosraspeln oder Kürbiskerne sein, und dazu verträgt die Suppe eine gute Portion Schärfe in Form von Sambal Oelek, Harissa oder Chiliflocken.

Die Zwiebel schälen und fein hacken. Den Apfel schälen, vierteln, entkernen und quer in Stücke schneiden.

Zwiebeln im Öl glasig andünsten, Äpfel zugeben und unter Rühren 1–2 Minuten mitdünsten. Brühe angießen, aufkochen und etwa 5 Minuten köcheln lassen, bis die Äpfel weich sind.

Den Kürbis in Stücke schneiden, zugeben und 2 Minuten in der Suppe erwärmen. Mit dem Stabmixer fein pürieren. Mit Salz, Pfeffer, Cayennepfeffer, etwas Zitronensaft und Agavendicksaft oder Honig abschmecken. Den Joghurt in die Suppe einrühren, die Walnüsse grob hacken und darüberstreuen.

KÜRBISSPALTEN
mit Walnussgremolata

ZUTATEN

3 TL Olivenöl
200–250 g Hokkaido (geputzt und entkernt)
Salz
5–6 Stängel glatte Petersilie
1 kleine Knoblauchzehe
10 g Walnusskerne
1 ½ TL Abrieb von einer Bio-Zitrone
frisch gemahlener schwarzer Pfeffer

Diese im Ofen gebackenen Kürbisspalten machen sich quasi von selbst, und während des Backens kann man in Ruhe die Gremolata zubereiten. Gleichzeitig ist der Ofen-Kürbis auch Grund- und Ausgangsrezept für andere Rezepte, wie die Kürbis-Cremesuppe (Seite 56), der Kürbis-Walnuss-Hummus (Seite 52) oder das Kürbispüree (Seite 60).

Den Ofen auf 220 °C (Umluft) vorheizen. Eine kleine ofenfeste Form mit 1 TL Öl ausstreichen. Den Kürbis waschen und trocken tupfen. Halbieren oder vierteln, das weiche Innere und die Kerne herauskratzen. Den Kürbis in gleichmäßige Spalten schneiden, mit dem restlichen Öl bestreichen und salzen. Seitlich in die Form legen und im vorgeheizten Ofen (Mitte) 18–20 Minuten backen. Nach der halben Zeit die Spalten auf die andere Seite legen.

Inzwischen für die Gremolata die Petersilie waschen, trocken schütteln und grob hacken, auch die zarteren Stiele. Den Knoblauch schälen und grob hacken. Die Walnusskerne etwas zerdrücken. Alles zusammen mit der Zitronenschale und etwas Salz in den Blitzhacker geben und auf Stufe 1 in kurzen Intervallen nicht zu fein hacken.

Den Kürbis aus dem Ofen nehmen, die Spalten aufrichten und mit Pfeffer würzen, die Gremolata einfüllen und sofort servieren.

TIPP

Die Gremolata passt auch zum Kürbis-Hummus (Seite 52), zur Kürbis-Cremesuppe (Seite 56) oder zum Kürbispüree (Seite 60) anstelle der Rosmarinzwiebeln.

KÜRBISPÜREE

mit Rosmarinzwiebeln

ZUTATEN

125 g rote Zwiebeln
1 EL Olivenöl
2 Zweige Rosmarin
175 g gebackener Kürbis (siehe Grundrezept Kürbisspalten, Seite 58)
50 g Doppelrahm-Frischkäse
Salz | frisch gemahlener schwarzer Pfeffer
Cayennepfeffer
1–2 Spritzer Zitronensaft
1 TL Honig (alternativ Agavendicksaft)

Die Zwiebeln schälen, längs halbieren und quer in ca. 5 mm dicke Streifen schneiden. Die Zwiebeln im Öl in ca. 10 Minuten langsam bei mittlerer Hitze weich dünsten, zwischendurch wenden und, falls sie zu sehr bräunen, die Temperatur weiter reduzieren.

Inzwischen den Rosmarin waschen, trocken schütteln und die Nadeln sehr fein hacken. Den gebackenen Kürbis ggf. erhitzen (wenn er als Rest vom Vortag verwendet wird), in Stücke schneiden, mit dem Frischkäse in einen Mixbecher geben mit dem Stabmixer fein pürieren. Mit Salz, Pfeffer, Cayennepfeffer und Zitronensaft abschmecken. Den Rosmarin unter die Zwiebeln mischen, leicht salzen und mit dem Honig abrunden. Die Zwiebeln auf dem Püree anrichten.

ROSMARINÄPFEL

mit karamellisierten Walnüssen

ZUTATEN

1 EL + 2 TL Zucker
1 kleine Prise Salz
4–5 Walnusskernhälften
40 g Doppelrahm-Frischkäse
1 TL flüssiger Honig
1–2 EL Milch (alternativ Wasser)
1 roter Apfel
1 Zweig Rosmarin
15 g Butter

1 EL Zucker mit etwas Salz und 1 TL Wasser in einer Pfanne schmelzen. Rühren, bis er sich gelblich färbt. Die Walnüsse zugeben und rühren, bis sie komplett mit einer dünnen Zuckerschicht bedeckt sind. Auf ein Stück Backpapier schütten und abkühlen lassen. Den Frischkäse mit Honig und 1–2 EL Milch oder Wasser glatt rühren.

Den Apfel schälen, vierteln, entkernen und in Spalten schneiden. Den Rosmarin waschen, trocken schütteln und die Nadeln sehr fein hacken.

Die Butter schmelzen, die Apfelspalten darin unter Rühren 3 Minuten dünsten. Den Rosmarin unterrühren. Mit 2 TL Zucker bestreuen und weiterdünsten, bis sich der Zucker komplett gelöst hat und die Apfelspalten weich sind.

Die Apfelspalten in einer Schale anrichten, den Frischkäse darüberlöffeln. Die Walnüsse grob hacken und darüberstreuen.

ZUCCHINI

Im Sommer haben sie Hochkonjunktur und wachsen teilweise zu Riesenexemplaren, ähnlich wie ihr Verwandter, der Gartenkürbis. Allerdings sind die großen Zucchini innen häufig schwammig und weich. Genussvoller sind knackig feste, eher kleinere Zucchini. Stiel und Blütenansatz werden entfernt. Zucchini werden meistens mit Schale verarbeitet und schmecken roh wie gegart. Durch ihren milden Geschmack sind sie offen für viele Gewürze.

HACKFLEISCH

Hackfleisch ist durch seine vergrößerte Oberfläche sehr anfällig für Verderb. Man sollte es nicht gerade bei 30 °C im Schatten kaufen und länger herumtragen. Besser, man transportiert es in einer Kühltasche und verarbeitet es unverzüglich.

VIERTER EINKAUFSKORB

DIESER EINKAUFSKORB IST ETWAS „SENSIBLER“, SEIN INHALT SOLLTE MÖGLICHST RASCH VERARBEITET WERDEN, GANZ BESONDERS DAS HACKFLEISCH! DEN ZUCCHINI SOLLTE MAN AUCH KEINE CHANCE GEBEN, WEICH ZU WERDEN. UND DAMIT DER RUCOLA GAR NICHT ERST SCHLAPP MACHT, WIRD SOFORT NACH DEM EINKAUF DIE GANZE PORTION VERLESEN, GEPUTZT, GEWASCHEN UND TROCKEN GESCHLEUDERT. DANN IN EINE KUNSTSTOFFBOX GEBEN UND IM KÜHLSCHRANK AUFBEWAHREN. SO KANN MAN GANZ EINFACH JEDERZEIT AUCH KLEINERE PORTIONEN ENTNEHMEN.

ZUCCHINI-RUCOLA-SUPPE
mit Parmesanchips

ZUTATEN

FÜR DIE PARMESANCHIPS

40 g frisch geriebener Parmesan
gerieben

1 TL edelsüßes Paprikapulver

frisch gemahlener schwarzer Pfeffer

FÜR DIE SUPPE

1 Schalotte

1 Knoblauchzehe

175 g Zucchini

2 TL Olivenöl

200 ml Gemüsebrühe, evtl. etwas mehr

1 Handvoll Rucola

40 g Crème fraîche (alternativ Doppelrahm-Frischkäse)

1–2 Spritzer Zitronensaft

Salz I frisch gemahlener grüner Pfeffer

Cayennepfeffer

15 g frisch geriebener Parmesan

Das milde Süppchen bekommt pfeffrigen Pep vom Rucola und intensive Würze von den Parmesanchips.

FÜR DIE CHIPS:
Den Ofen auf 200 °C (Ober-/Unterhitze) vorheizen. Den Parmesan mit Paprikapulver und Pfeffer mischen und in sechs gleich große Portionen teilen. Ein Backblech mit Backpapier auslegen. Mithilfe eines Dessertringes (ø 9–10 cm) die Parmesan-Portionen zu Kreisen streuen. Im heißen Ofen 5–6 Minuten backen, bis der Käse blubbert und sich an den Kanten etwas dunkler färbt. Herausnehmen und komplett auskühlen lassen. Zwischen Lagen von Backpapier in einer verschließbaren Box aufbewahren. Die Chips sind so mehrere Tage haltbar.

FÜR DIE SUPPE:
Die Schalotte und den Knoblauch schälen und hacken. Die Zucchini waschen, putzen und in etwa 2 cm große Stücke oder Scheiben schneiden.

Die Schalotte im Öl glasig andünsten, den Knoblauch kurz mitdünsten, die Zucchini zugeben und unter Rühren 1 Minute mitdünsten. Die Brühe angießen, aufkochen und zugedeckt 10–12 Minuten köcheln lassen. Inzwischen den Rucola verlesen, waschen, trocken tupfen und grob hacken.

Die Suppe mit dem Stabmixer unter Zugabe vom Crème fraîche fein pürieren. Mit Zitronensaft, Salz, Pfeffer und Cayennepfeffer abschmecken. Falls gewünscht, etwas mehr Brühe zugeben. Den Parmesan einrühren. Rucola zugeben und nochmals durchmixen. Mit 1–2 Parmesanchips servieren.

ZUCCHINI-KARTOFFEL-STAMPF

mit Spiegelei

ZUTATEN

175 g Kartoffeln
Salz
175 g Zucchini
1 Knoblauchzehe
2–3 Stängel glatte Petersilie
3–4 TL Olivenöl
frisch gemahlener schwarzer Pfeffer
1–2 Eier
Chiliflocken
2 TL geröstete Sonnenblumenkerne (Seite 134)

Der eher behäbige Kartoffelstampf wird hier mit Zucchini, Knoblauch und Petersilie sommerlich aufgefrischt. Er passt nicht nur zu Ei, sondern auch zu Fisch, Hähnchenfilet oder gebratenem Tofu!

Die Kartoffeln schälen, in gleichmäßige Stücke schneiden und in Salzwasser in etwa 20 Minuten gar kochen. Inzwischen die Zucchini waschen, putzen, längs halbieren und quer in ca. 2 cm große Stücke schneiden. Den Knoblauch schälen und fein hacken. Die Petersilie waschen, trocken schütteln und hacken.

Die Zucchini in 2–3 TL Olivenöl 6–7 Minuten unter regelmäßigem Rühren bei mittlerer Hitze braten, bis sie leicht gebräunt und gar sind. Den Knoblauch während der letzten Minute mitbraten. Salzen, pfeffern und zugedeckt warmhalten.

Das Ei bzw. die Eier in einer Pfanne im restlichen Öl braten, salzen und pfeffern. Gleichzeitig die Kartoffeln abgießen und ausdampfen lassen. Zurück in den Topf geben und mit dem Kartoffelstampfer grob zerkleinern. Die Zucchini zugeben und weiterstampfen, bis die gewünschte Konsistenz erreicht ist.

Den Stampf mit Salz, Pfeffer und Chiliflocken würzen, anrichten und mit Petersilie und Sonnenblumenkernen bestreuen. Das Ei bzw. die Eier daraufsetzen.

TIPP

Alternativ die Eier weich kochen, behutsam aus der Schale lösen und auf dem Stampf anrichten. Leicht anritzen, sodass das Eigelb herausfließt.

Zucchini-Cashew-DIP

ZUTATEN

250 g feste Zucchini
3 TL Olivenöl
1 Knoblauchzehe
Salz
40 g Cashewmus (Seite 137)
2 TL Zitronensaft
1 TL Abrieb von einer Bio-Zitrone
½ TL gemahlener Kreuzkümmel
frisch gemahlener schwarzer Pfeffer
Cayennepfeffer

Zucchini schälen, putzen und grob würfeln.Im Öl unter Rühren 2–3 Minuten farblosanbraten, dann zugedeckt ca. 5 Minuten bei sanfter Hitze garen, zwischendurch wenden. Knoblauch schälen, hacken und kurz mit durchschwenken. Salzen und etwas abkühlen lassen.

Die Zucchini mit Cashewmus, Zitronensaft und Zitronenschale in einen Mixbecher geben und mit dem Stabmixer (oder in einem Standmixer) pürieren. Mit Kreuzkümmel, Pfeffer und einer Prise Cayennepfeffer pikant abschmecken.

ZUCCHINISALAT mit Rucola und Parmesan

ZUTATEN

250 g feste Zucchini
1 kleine Handvoll Rucola
1 EL Sonnenblumenkerne
20 g Parmesan (am Stück)
4 TL Olivenöl
¼ TL Chiliflocken
Salz I frisch gemahlener schwarzer Pfeffer
2 TL Zitronensaft
1 TL Abrieb von einer Bio-Zitrone

Die Zucchini waschen, putzen und in knapp 1 cm dicke Scheiben schneiden. Den Rucola verlesen, die langen Stiele abknipsen, gründlich waschen und trocken tupfen. Die Sonnenblumenkerne in einer Pfanne ohne Fett goldbraun rösten und auf einem Teller abkühlen lassen. Den Parmesan mit einem Sparschäler in Späne schneiden.

Den Rucola auf einem Teller anrichten, mit 1 TL Öl beträufeln. Das restliche Öl erhitzen, die Zucchini von jeder Seite 1 ½–2 Minuten braten, sie soll noch Biss haben. Salzen, pfeffern und mit Zitronensaft beträufeln. Die Zitronenschale untermischen. Noch warm auf dem Rucola anrichten, mit Parmesanspänen und Sonnenblumenkernen bestreuen und sofort servieren.

ZUCCHINIFRITTATA
mit Parmesan

ZUTATEN

2 Eier (Größe M)
40 g Doppelrahm-Frischkäse
Salz | frisch gemahlener schwarzer Pfeffer
Cayennepfeffer
frisch geriebene Muskatnuss
1–2 feste Zucchini (ca. 100 g)
2 Stängel glatte Petersilie
2 TL Olivenöl
10 g Butter
20 g frisch geriebener Parmesan
Chiliflocken

Die Frittata schmeckt auch lauwarm oder kalt – ideal zum Mitnehmen oder als schneller Lunch mit einem kleinen Salat.

Eier und Frischkäse mit dem Schneebesen glatt rühren. Mit Salz, Pfeffer, Cayennepfeffer und Muskatnuss würzen. Die Zucchini waschen und putzen. Die Zucchini quer in 2 mm schmale Scheiben hobeln. Die Petersilie waschen, trocken schütteln und nicht ganz fein hacken.

Das Öl in einer Pfanne auf mittlerer Stufe erhitzen. Die Butter zugeben und schmelzen, bis sie schäumt. Die Zucchini zugeben und 2 Minuten sanft braten, dabei einmal wenden. Die Hitze etwas reduzieren, die Eiermasse auf die Zucchini gießen und 3–4 Minuten stocken lassen, dabei den Rand mit einem Silikonlöffel öfter anheben und die noch flüssige Eiermasse darunterfließen lassen.

Den Parmesan auf der Frittata verteilen. Den Herd ausschalten, den Deckel auflegen und den Parmesan in 2–3 Minuten schmelzen lassen. Die Frittata mit Petersilie und Chiliflocken bestreuen und sofort servieren.

ZUCCHINI-HACKFLEISCH-SAUCE

zu Pasta

ZUTATEN

Salz
1 Schalotte
1 kleine Knoblauchzehe
1 Zucchini (etwa 80 g)
1–2 Stängel glatte Petersilie
70–80 g Pasta nach Wahl
100 g Rinderhackfleisch
3 TL Olivenöl
frisch gemahlener schwarzer Pfeffer
50 g Schmand
Chiliflocken, z. B. Piment d'Espelette

Während die Pasta kocht, ist diese herzhafte Sauce ganz schnell gemacht!

Wasser für die Pasta zum Kochen bringen, dann kräftig salzen.

Währenddessen Schalotte und Knoblauch schälen und fein hacken. Die Zucchini waschen und putzen, dann längs in 3 mm dicke Scheiben schneiden, diese in Streifen schneiden und würfeln. Petersilie waschen, trocken schütteln und hacken.

Die Pasta im kochenden Wasser nach Packungsangabe al dente garen.

Inzwischen das Hackfleisch zerpflücken und in 1 TL Öl scharf anbraten, aber nicht vollkommen durchbraten. Mit der Kante eines Pfannenwenders in kleine Stückchen teilen, salzen, pfeffern und herausnehmen. Das restliche Öl erhitzen, die Schalotte darin glasig andünsten. Den Knoblauch kurz mitdünsten. Die Zucchiniwürfelchen zugeben und unter Rühren 2 Minuten anbraten. Das Hackfleisch zurück in die Pfanne geben und gut untermischen. Den Schmand einrühren. Mit Salz, Pfeffer und Chiliflocken würzen.

Die Pasta abgießen und mit der Sauce mischen. Mit der Petersilie bestreuen.

VEGETARISCHE VARIANTE:

Anstelle von Hackfleisch **¼ Dose abgetropfte Linsen** zugeben, sobald die Zucchiniwürfel angebraten sind. Anschließend den Schmand einrühren.

RUCOLA-SONNENBLUMENKERN-PESTO *mit Zoodles*

ZUTATEN

FÜR DAS PESTO

75 g Rucola
50 g Sonnenblumenkerne
2 Knoblauchzehen
2 EL Zitronensaft
2 TL Abrieb von einer Bio-Zitrone
50 g frisch geriebener Parmesan
Salz I frisch gemahlener schwarzer Pfeffer
½ TL Chiliflocken
80–100 ml Olivenöl + zum Bedecken

FÜR DIE ZOODLES

1 kleine Handvoll Rucola
200 g feste Zucchini
1 EL Olivenöl
Salz I frisch gemahlener schwarzer Pfeffer
2 TL geröstete Sonnenblumenkerne (siehe Seite 134)

In der Low-Carb-Szene und der gesunden Gemüseküche sind sie schon längst ein Klassiker, und natürlich dürfen die „Zoodles" (= Zucchini-„Nudeln") auch hier nicht fehlen. Das Pesto passt aber auch zu richtiger Pasta!

FÜR DAS PESTO:
Den Rucola verlesen, die langen Stiele abknipsen, dann gründlich waschen und trocken schleudern. Zusätzlich zwischen zwei Lagen Küchenpapier trocken tupfen, dann grob hacken. Die Sonnenblumenkerne in einer Pfanne ohne Fett nur leicht goldgelb rösten. Den Knoblauch schälen und grob hacken.

Alles in den Blitzhacker füllen und in mehreren Intervallen nicht zu fein hacken, es soll noch leicht stückig sein. Herausnehmen. Zitronensaft, Zitronenschale und den Parmesan unterheben, dann mit ¼ TL Salz, Pfeffer und Chiliflocken würzen. Zum Schluss das Öl untermischen. In ein Schraubglas füllen, mit einem Löffel zusammenpressen und so viel Öl darübergießen, dass es vollständig bedeckt ist.

FÜR DIE ZOODLES:
Den Rucola verlesen, die langen Stiele abknipsen, dann gründlich waschen und trocken schleudern. Die Zucchini waschen und trocken reiben. Mitsamt der Schale mit einem Spiralschneider oder einem Julienne-Hobel zu „Nudeln" schneiden. Das Öl in einer großen Pfanne erhitzen, die Zucchininudeln darin unter ständigem Wenden in etwa 2 Minuten bissfest garen. Den Rucola zugeben und unterheben. Salzen und pfeffern und mit 1–2 EL Pesto vermengen. Mit Sonnenblumenkernen bestreuen.

TIPP

Von dem Pesto lohnt es sich, gleich eine größere Menge herzustellen. Im Kühlschrank ist es mehrere Wochen haltbar, sofern es immer mit genügend Olivenöl bedeckt ist.

GEFÜLLTE ZUCCHINI
mit Walnuss-Parmesan-Kruste

ZUTATEN

1 feste, möglichst gerade Zucchini (etwa 250 g)
2 TL Olivenöl
Salz | frisch gemahlener schwarzer Pfeffer
½ Bund glatte Petersilie
20 g Walnusskerne
20 g frisch geriebener Parmesan
125 g Rinderhackfleisch
1 TL edelsüßes Paprikapulver
1 TL Sojasauce (z. B. Tamari)
2 TL Tomatenmark

Ein bisschen aufwendiger ist dieses Rezept schon – dafür aber besonders lecker!

Den Ofen auf 180 °C (Umluft) vorheizen. Die Zucchini waschen, putzen, längs halbieren und das weiche Innere mit einem kleinen Löffel herauskratzen. Mit 1 TL Olivenöl bestreichen, salzen und pfeffern. In einer ofenfesten Form im heißen Ofen (Mitte) 15–20 Minuten vorbacken.

Inzwischen für die Kruste die Petersilie waschen, trocken schütteln und hacken. Die Walnüsse fein hacken. Petersilie und Walnüsse mit dem Parmesan mischen.

Das restliche Öl erhitzen, das Hackfleisch etwas zerpflücken und 3 Minuten scharf anbraten, aber nicht ganz durchbraten. Herausnehmen. Mit Salz, Pfeffer und Paprikapulver würzen. Sojasauce und Tomatenmark unterrühren. Die Masse in die beiden Zucchinihälften verteilen und andrücken, darauf die Krusten-Mischung geben und vorsichtig festdrücken. Weitere 15 Minuten backen und sofort servieren.

VEGETARISCHE VARIANTE:

1 Schalotte würfeln, in **2 TL Olivenöl** glasig andünsten. **50 g Instant-Couscous** darin andünsten, **½ TL Ras el Hanout** unterrühren, mit 100 ml kochend heißer **Gemüsebrühe** übergießen und ca. 7 Minuten oder nach Packungsangabe ausquellen lassen. Auflockern, salzen und pfeffern. **1 kleine Tomate** waschen, halbieren, entkernen, klein würfeln und unterheben. Wie oben beschrieben, in die Zucchinihälften füllen, mit der Kruste bedecken und fertig backen.

INDISCHE CURRYPASTE

Es gibt sie von mild bis extra scharf. Oft helfen kleine Chilischoten-Symbole, den Schärfegrad zu erkennen. Sie enthalten Öl und sind angebrochen und zugeschraubt im Kühlschrank mehrere Wochen haltbar.

SÜSSKARTOFFELN

Sie sind ganzjährig zu bekommen, in den Herbstmonaten auch aus regionalem Anbau. Beim Kauf darauf achten, dass sie keine feuchten Stellen haben. Zu Hause dann möglichst dunkel lagern, damit sie nicht austreiben. Falls man Süßkartoffeln übrig hat: schälen, garen, pürieren und portionsweise einfrieren für Suppen oder Dips.

ORANGENSAFT

Wenn er nicht komplett verbraucht wird, in einem Eiswürfelbehälter einfrieren und Drinks damit kühlen.

FÜNFTER EINKAUFSKORB

KARTOFFELN, SÜSSKARTOFFELN UND BLUMENKOHL ZÄHLEN EHER ZU DEN GESCHMACKLICH SANFTEN LEBENSMITTELN. DOCH KEINE ANGST, LANGWEILIG WIRD ES NICHT! DENN GERADE WEGEN IHRES MILDEN GESCHMACKS SIND SIE IDEAL FÜR DIE VERSCHIEDENSTEN WÜRZ-VARIANTEN. SÜSS-SÄUERLICHER ORANGENSAFT BRINGT SPANNUNG INS SPIEL, UND VIELSCHICHTIG-AROMATISCHE CURRYPASTE STEUERT EINE PORTION EXOTIK BEI.

BLUMENKOHL

Er ist das ganze Jahr über erhältlich, die Hauptsaison ist aber zwischen Juni und Oktober. Dann ist er besonders günstig zu bekommen.

Da Blumenkohl stückweise verkauft wird, lohnt es sich, nach einem besonders großen Exemplar zu schauen. So hat man schon einmal mehr fürs Geld.

Unbedingt darauf achten, dass die Blätter, die den Kopf umhüllen, frisch und fest und die dicken Blattadern saftig sind. Die kann man ganz wunderbar im Blitzhacker zu einer Rohkost verarbeiten, z. B. mit einem Apfel und einem Dressing aus Zitronensaft und Olivenöl oder Joghurt. Noch ein paar geröstete Sonnenblumenkerne (Seite 134) darüberstreuen und fertig ist ein gesunder Salat, der nur ein paar Cent gekostet hat.

Ebenso gut kann man den Strunk und die Stiele im Blitzhacker zu einer Rohkost verarbeiten. Oder man schält den Strunk, schneidet ihn in dünne Scheiben und belegt damit ein Butterbrot. Salzen und mit Schnittlauch bestreuen.

Oder den Blumenkohl in mundgerechte Röschen teilen und in 4–6 Minuten über Dampf bissfest garen. Dazu hängt man einen Dämpfkorb in einen Topf mit wenig kochendem Wasser. Der Korb darf das Wasser dabei nicht berühren. Jetzt den Blumenkohl einfüllen und einen gut schließenden Deckel auflegen. Nach dem Dämpfen salzen und abkühlen lassen oder direkt weiterverarbeiten. Den gegarten Blumenkohl kann man auch einfrieren. Es lohnt sich also, gleich mehr zu dämpfen.

Cremige BLUMENKOHLSUPPE

ZUTATEN

100 g Blumenkohlröschen
1 kleine Kartoffel (ca. 60 g)
1 Schalotte
1 kleine Knoblauchzehe
3 TL Olivenöl
200–250 ml Gemüsebrühe
1 Lorbeerblatt
20 g Cashewmus (Rezept Seite 137, alternativ weißes Mandelmus)
Salz I frisch gemahlener grüner Pfeffer
Muskatnuss
1–2 Spritzer Zitronensaft
1–2 Stängel glatte Petersilie

Die Suppe wird durch die Zugabe von Cashewmus noch cremiger und bekommt eine zusätzliche Geschmacksnuance, während Zitronensaft sie auffrischt.

Den Blumenkohl in mittelgroße Röschen teilen, abbrausen und abtropfen lassen. Die Kartoffel schälen, waschen und in ca. 2 x 2 cm große Stücke schneiden. Schalotte und Knoblauch schälen und hacken.

Die Schalotte in 2 EL Öl glasig andünsten, den Knoblauch kurz mitdünsten. 200 ml Brühe und das Lorbeerblatt zugeben und aufkochen. Blumenkohl und Kartoffeln zugeben, nochmals aufkochen, dann zugedeckt in ca. 20 Minuten weich köcheln.

Das Lorbeerblatt entfernen, die Suppe mit dem Stabmixer fein pürieren. Das Cashewmus einrühren, nach gewünschter Konsistenz noch etwas mehr Brühe zugeben. Mit Salz, Pfeffer, Muskatnuss und etwas Zitronensaft würzen. Die Petersilie waschen, trocken schütteln und hacken. Die Suppe in eine Schale füllen, mit dem restlichen Öl beträufeln und mit der Petersilie bestreuen.

TIPP

Statt der Petersilie die Suppe mit einer Gremolata bestreuen. Dazu 1 Knoblauchzehe mit 1 TL Abrieb von einer Bio-Zitrone, 1 EL gehackter Petersilie und etwas Flockensalz mischen.

BLUMENKOHLCURRY

mit schwarzen Bohnen

ZUTATEN

150 g Blumenkohl
Salz I frisch gemahlener schwarzer Pfeffer
1 mittelgroße Zwiebel
3 TL Olivenöl
15 g Indische Currypaste (Glas)
50 ml Gemüsebrühe
30 g Doppelrahm-Frischkäse
¼ Dose schwarze Bohnen
(65 g Abtropfgewicht)
50 g Joghurt (3,5% Fett)
1 Prise Chiliflocken
1 Prise Schwarzkümmel (nach Belieben)

Den Blumenkohl in mundgerechte kleine Röschen teilen und über Dampf in ca. 5 Minuten bissfest garen. Salzen und ausdampfen lassen.

Inzwischen die Zwiebel schälen, längs halbieren und quer in Streifen schneiden. Im Öl glasig andünsten. Die Currypaste einrühren, kurz anbraten, dann die Brühe zugeben und aufkochen. Den Frischkäse einrühren. Die Bohnen abgießen, abspülen und zugeben. Den Blumenkohl untermischen und zugedeckt 3–4 Minuten erwärmen. Das Curry mit Salz und Pfeffer abschmecken. In eine Schale füllen.

Den Joghurt mit etwas Salz verrühren und als Klecks daraufsetzen, mit Chiliflocken und Schwarzkümmel bestreuen.

BLUMENKOHL-ROHKOST

mit Frühlingszwiebel

ZUTATEN

3–4 Stängel glatte Petersilie
100 g Blumenkohl
1 Frühlingszwiebel
1 ½ TL Zitronensaft
1 TL Abrieb von einer Bio-Zitrone
Salz I frisch gemahlener grüner Pfeffer
3 TL Olivenöl
1 EL geröstete Erdnusskerne

Die Petersilie waschen, trocken schütteln und mit den Stielen grob hacken. Im Blitzhacker zerkleinern. Den Blumenkohl abspülen, trocken tupfen und grob stückeln. Die Frühlingszwiebel waschen und putzen, das Grüne in schmale Ringe schneiden und beiseitestellen. Das Weiße der Frühlingszwiebel mit dem Blumenkohl zur Petersilie in den Blitzhacker geben und wie „Bulgur" oder „Couscous" zerkleinern.

Zitronensaft, Zitronenschale, Salz und Pfeffer verrühren, dann das Öl unterschlagen und unter die Blumenkohlmischung rühren. Die Erdnusskerne grob hacken und mit den grünen Zwiebelringen darüberstreuen.

SCHWARZE-BOHNEN-DIP

mit Ofensüsskartoffel

ZUTATEN

1 kleine Süßkartoffel (ca. 170 g)
2 ½ TL Olivenöl
1 Schalotte
1 Knoblauchzehe
½ rote Chilischote
2 Stängel glatte Petersilie
½ Dose schwarze Bohnen (Abtropfgewicht 125 g)
1–2 TL Limettensaft
½ TL Backkakao
½ TL gemahlener Kreuzkümmel
Salz | frisch gemahlener schwarzer Pfeffer
Cayennepfeffer

Chili, Limettensaft, Kreuzkümmel und dunkles Kakaopulver geben dem Bohnen-Dip den typisch mexikanischen Charakter.

Den Ofen auf 200 °C (Umluft) vorheizen. Die Süßkartoffel gründlich waschen, trockenreiben und längs halbieren. Ein entsprechend großes Stück Alufolie auf das Ofengitter setzen. Die Süßkartoffelhälften mit der Schnittfläche nach oben daraufsetzen und mit 1 TL Öl bestreichen. Im vorgeheizten Ofen (Mitte) 35–40 Minuten backen, bis sie weich sind.

Schalotte und Knoblauch schälen und grob stückeln. Die Chilischote längs halbieren, entkernen, abspülen und grob hacken. Die Petersilie waschen und trocken schütteln. Stiele und Blätter separat grob hacken.

Schalotte, Knoblauch, Chili und Petersilienstiele und die Hälfte der Blätter zusammen im Blitzhacker nicht ganz fein hacken. Herausnehmen. Die Bohnen in ein Sieb geben, gründlich abbrausen und abtropfen lassen. Im Blitzhacker cremig pürieren.

Das Bohnenmus in eine Schüssel geben, mit Limettensaft, Kakaopulver, Kreuzkümmel, Salz und Pfeffer würzen, dann die Schalottenmischung zugeben und gut mischen. Nach Belieben mit etwas Cayennepfeffer nachschärfen.

Die Süßkartoffelhälften herausnehmen, mit 2 Gabeln etwas auseinanderdrücken, salzen und mit der Bohnenpaste füllen. Das restliche Öl darüberträufeln und mit den restlichen Petersilienblättern bestreuen.

TIPP

Man kann den Bohnendip auch erhitzen und dann als Püree mit der Süßkartoffel anrichten.

SÜSSKARTOFFEL-HUMMUS

mit Blumenkohlröschen

ZUTATEN

1 mittelgroße Süßkartoffel (ca. 170 g)

Salz

100 g Blumenkohl ohne Strunk

3–4 Stängel glatte Petersilie

1 ½ TL Aceto balsamico bianco

1 TL Dijonsenf

1 TL Agavendicksaft

frisch gemahlener schwarzer Pfeffer

2 TL Olivenöl

1 kleine Knoblauchzehe

25 g Tahin (alternativ Mandelmus)

1 TL Zitronensaft

1 TL Abrieb von einer Bio-Zitrone

Cayennepfeffer

Chiliflocken

Hummus wird traditionell aus Kichererbsen und Tahin hergestellt. Wir kombinieren hier Süßkartoffeln mit Tahin zu einer unwiderstehlichen Hummus-Variante, deren cremige Konsistenz wunderbar mit den noch bissfesten Blumenkohlröschen harmoniert.

Die Süßkartoffel schälen, abspülen und knapp 2 cm groß würfeln. In Salzwasser 10–15 Minuten weich kochen.

Inzwischen den Blumenkohl in 1–2 cm große Mini-Röschen teilen und in 4–4 ½ Minuten bissfest dämpfen. Gleichzeitig die Petersilie waschen, trocken schütteln und fein hacken, dabei ein paar Blättchen ganz lassen und beiseitestellen. Den Essig mit Senf, Sirup, Salz und Pfeffer verrühren, dann das Öl unterschlagen. Den Blumenkohl ausdampfen lassen und mit Vinaigrette und Petersilie mischen. Öfter umrühren.

Die Süßkartoffeln abgießen, ausdampfen und etwas abkühlen lassen. Den Knoblauch schälen und grob hacken. Zusammen mit Süßkartoffeln und Tahin im Blitzhacker fein pürieren. Mit Zitronensaft, Zitronenschale, Salz, Pfeffer und Cayennepfeffer pikant abschmecken.

Den Blumenkohl mit dem Hummus anrichten, mit Chiliflocken bestreuen und mit Petersilienblättchen garnieren.

TIPP

Ein Pitabrot toasten, halb aufschneiden und mit Hummus und Blumenkohl füllen.

HÄHNCHENSCHENKEL
mit Süsskartoffel-Wedges

ZUTATEN

4 TL Olivenöl
1 mittelgroße Hähnchenkeule mit Haut
½ TL Zucker
½ TL Paprikapulver
Salz I frisch gemahlener schwarzer Pfeffer
1 Süßkartoffel (ca. 200 g)
1 kleine Knoblauchzehe
1 Prise Chiliflocken
1 TL Honig
1 TL Zitronensaft
4 Zweige Thymian (alternativ 2 Stängel glatte Petersilie)

Es gibt Tage, da muss man sich einfach etwas Gutes tun, und dafür ist dieses Essen wie gemacht!

Den Ofen auf 200 °C (Ober-/Unterhitze) vorheizen. Eine ofenfeste Form mit 1 TL Olivenöl ausstreichen.

Die Hähnchenkeule am Gelenk durchtrennen, kalt abspülen (wegen möglicher Splitter) und trocken tupfen. Zucker, Paprika, ¼ TL Salz und ¼ TL Pfeffer vermischen und die Hähnchenstücke damit rundum einreiben, anschließend mit 1 TL Olivenöl beträufeln. In die Form legen und im vorgeheizten Ofen 30 Minuten backen.

Süßkartoffel schälen, waschen, trocken tupfen und in Spalten schneiden. Den Knoblauch schälen und fein hacken. Die Süßkartoffeln mit den restlichen 2 TL Öl einstreichen, salzen, pfeffern, mit Knoblauch und Chiliflocken bestreuen. Nach 30 Minuten Backzeit die Süßkartoffeln zu den Hähnchenteilen in die Form legen und weitere 15 Minuten backen.

Den Honig mit dem Zitronensaft verrühren und das Fleisch damit einpinseln, weitere 5 Minuten backen. Inzwischen den Thymian (oder die Petersilie) waschen, trocken schütteln und hacken. Über das fertige Gericht streuen.

VEGETARISCHE VARIANTE:
Statt der Hähnchenkeule 10 Minuten vor Ende der Backzeit eine geschälte, entkernte und in Viertel geschnittene **Avocado** salzen und mitbacken.

TIPP

Dazu passt die Blumenkohl-Rohkost (siehe Seite 82)

SÜSSKARTOFFEL-STAMPF *mit Blumenkohlsteak*

ZUTATEN

3 TL Olivenöl
1–2 daumendicke Scheiben aus der Mitte eines Blumenkohls (ca. 150 g)
Salz I frisch gemahlener schwarzer Pfeffer
1 Süßkartoffel (ca. 200 g)
1 EL geröstete und gesalzene Erdnusskerne
2 Stängel glatte Petersilie
25 g Doppelrahm-Frischkäse
2 TL Indische Currypaste (Fertigprodukt)
Chiliflocken

Den Ofen auf 180 °C (Umluft) vorheizen. Eine kleine ofenfeste Form mit 1 TL Olivenöl ausstreichen. Den Blumenkohl waschen und trocken tupfen, dann die Scheiben aus der Mitte schneiden. Nochmals trocken tupfen, in die Form legen, mit dem restlichen Öl beträufeln, salzen und pfeffern. Im vorgeheizten Ofen 20–25 Minuten backen, zwischendurch einmal wenden. Die Blumenkohl-„Steaks" sollen gar mit etwas Biss sein.

Inzwischen die Süßkartoffel schälen, in ca. 3 cm große Stücke schneiden und in Salzwasser ca. 15 Minuten kochen. Die Erdnusskerne grob hacken. Die Petersilie waschen, trocken schütteln und hacken.

Die Süßkartoffeln abgießen und etwas ausdampfen lassen. Unter Zugabe von Frischkäse und Currypaste grob zerstampfen. Den Stampf auf einem Teller anrichten, etwas flach streichen und den Blumenkohl darauf anrichten. Mit Petersilie, Erdnüssen und Chiliflocken bestreuen und sofort servieren.

Süsskartoffel-Orangen- DESSERT

ZUTATEN

1 kleine Süßkartoffel (ca. 150 g)
20 g Butter
2 EL brauner Zucker
150 ml Orangensaft
25 g Doppelrahm-Frischkäse
1 Prise Salz
1 TL Zitronensaft
30 g Schmand (alternativ Crème fraîche)

Die Süßkartoffel schälen, knapp 2 cm groß würfeln und in der Butter unter Rühren 3 Minuten dünsten. Mit dem Zucker bestreuen, unter Rühren karamellisieren lassen. Den Orangensaft angießen, aufkochen und zugedeckt 10 Minuten köcheln, bis die Süßkartoffel weich ist. Abgießen, die Flüssigkeit zurück in den Topf geben, zu einem Sirup einkochen und abkühlen.

Die Süßkartoffeln mit dem Frischkäse in einen schmalen Becher geben und mit dem Stabmixer fein pürieren. Mit etwas Salz und Zitronensaft abschmecken. Die Creme heiß oder kalt in eine Schale füllen, den Schmand darauflöffeln und den Sirup darübergießen.

BLAUE TRAUBEN

Es lohnt sich, nach kernlosen Trauben zu schauen, da das Entkernen doch etwas mühsam ist. Dass sie roh gut schmecken, ist bekannt. Hier kommen sie aber auch gebraten und gebacken auf einer Pizza ganz groß heraus.

BASILIKUM

Tomate und Mozzarella wäre ohne Basilikum kaum der Rede wert. Erst das pfeffrige Kraut macht den Genuss rund. Basilikum schmeckt auch gut mit süßen Früchten wie Mango oder Papaya. Ein guter Grund, immer einen Topf Basilikum auf dem Fensterbrett stehen zu haben.

MOZZARELLA

In den Rezepten sind sowohl die Minis als auch die normalen Kugeln vorgesehen. Wenn man aber nur eine Sorte kaufen möchte, dann besser die ganze Kugel, besonders wenn man den Mozzarella panieren will (Seite 98). Und statt der Minikugeln gibt es eben entsprechend groß geschnittene Würfel.

SCHWARZE OLIVEN

Am besten schmecken Oliven mit ihrem Stein, die trocken eingelegt sind, also ohne Essiglake, die den Geschmack der Oliven verfälscht. Das Fruchtfleisch wird einfach vom Stein geschnitten. Sieht zwar nicht so hübsch aus, wie die Ringe entkernter Oliven, ist aber geschmacklich ein großer Unterschied. Viele Oliven sind übrigens schwarz gefärbt. Besser sucht man nach natürlichen Oliven ohne künstliche Zusatzstoffe. Angebrochene Olivengläser sind im Kühlschrank monatelang haltbar.

SECHSTER EINKAUFSKORB

MANCHE ZUTATEN AUS DIESEM KORB WEISS MAN SOFORT ZUZUORDNEN UND MITEINANDER ZU KOMBINIEREN, WIE DER KLASSIKER „CAPRESE“ AUS MOZZARELLA, TOMATEN UND BASILIKUM. ABER TOMATEN UND TRAUBEN? KICHERERBSEN UND TRAUBEN? ODER TRAUBEN MIT PIZZA? WIE WUNDERVOLL ALL DIESE KOMBINATIONEN SCHMECKEN, WIRD MAN IN DIESEM KAPITEL KENNENLERNEN.

PIZZATEIG

Klar, man kann ihn selber kneten, aber in einer Studentenküche ist dafür oft kein Platz, und der gekaufte Teig aus dem Kühlregal ist ideal für die schnelle Pizza. Und ganz sicher ist die besser als eine vom Lieferservice, die unterwegs schon schlapp und kalt geworden ist. Wird der Teig nicht vollständig aufgebraucht, lassen sich daraus kleine Gebäckstücke zaubern. Einfach mit Olivenöl bestreichen und mit Flockensalz oder geriebenem Parmesan bestreuen und nach Packungsangabe backen.

KIRSCHTOMATEN

Sie sind in der Regel etwas teurer als normale Tomaten, dafür aber viel aromatischer. Und aufgrund ihrer Größe lassen sie sich besser „dosieren“.

TOMATEN-TRAUBEN-SALAT

mit Mozzarella

ZUTATEN

75 g Kirschtomaten
75 g blaue kernlose Trauben
½ Schachtel Mini-Mozzarella
Salz | frisch gemahlener schwarzer Pfeffer
15 g schwarze Oliven
2 TL Aceto balsamico bianco
1 TL Agavendicksaft
½ TL Dijonsenf
1 EL Olivenöl
2 Stängel Basilikum

Die Tomaten waschen, halbieren, entkernen und knapp 1 cm groß würfeln. Die Trauben waschen und je nach Größe vierteln oder kleiner schneiden. Den Mozzarella abtropfen, trocken tupfen, vierteln, salzen und pfeffern und mit Tomaten und Trauben mischen. Die Oliven ggf. vom Stein schneiden, hacken und unterheben.

Für das Dressing den Essig mit Sirup, Senf, Salz und Pfeffer verrühren, dann das Öl unterschlagen und vorsichtig mit dem Salat vermengen. Das Basilikum waschen und trocken schütteln. Kleine Blättchen ganz lassen, größere zerrupfen und über den Salat streuen.

GRÜNER HUMMUS

mit gebratenen Trauben

ZUTATEN

1 kleine Knoblauchzehe
4–5 Stängel glatte Petersilie
½ Dose Kichererbsen (125 g Abtropfgewicht)
30 g Tahin (alternativ Cashewmus, Seite 137)
1 ½ TL Zitronensaft
1 TL Abrieb von einer Bio-Zitrone
¼ TL gemahlener Kreuzkümmel
Salz | frisch gemahlener schwarzer Pfeffer
Cayennepfeffer
75 g blaue oder grüne kernlose Trauben
2 TL Olivenöl

Den Knoblauch schälen und grob hacken. Die Petersilie waschen und trocken schütteln. Stiele und Blätter grob hacken. Kichererbsen abgießen, dabei die Dosenflüssigkeit auffangen. Petersilie, Knoblauch und abgetropfte Kichererbsen im Blitzhacker zerkleinern. 2 EL der Dosenflüssigkeit,Tahin oder Cashewmus und Zitronensaft zugeben und so fein wie möglich pürieren. Mit Zitronenschale, Kreuzkümmel, Salz, Pfeffer und Cayennepfeffer pikant abschmecken. In einer Schale anrichten.

Die Trauben waschen, trocken tupfen und halbieren. Im heißen Öl 2–3 Minuten unter Rühren braten, salzen, pfeffern und direkt auf den Hummus geben. Sofort servieren.

MIT EI ÜBERBACKENE TOMATEN
mit Tapenade

ZUTATEN

200 g Kirschtomaten (möglichst gleich groß)
10 g Butter
Salz I schwarzer Pfeffer aus der Mühle
2 Eier (Größe M)
75 g Schmand
Cayennepfeffer
frisch geriebene Muskatnuss
2 Stängel glatte Petersilie

FÜR DIE TAPENADE

1 kleine Knoblauchzehe
25 g schwarze Oliven
1 Zweig Thymian
1 Stängel glatte Petersilie
1/4 TL Abrieb von einer Bio-Zitrone
2 TL Olivenöl

Ein Gericht aus der Abteilung „Entspanntes Kochen": Während die Tomaten unter einem Eier-Schmand-Guss im Ofen garen, hat man beide Hände für die Tapenade frei, die dem Gericht den würzigen Extra-Kick schenkt.

Den Ofen auf 180 °C (Umluft) vorheizen. Tomaten kurz blanchieren und häuten, Stielansätze dabei vorsichtig herausschneiden. Eine kleine ofenfeste Form mit der Butter ausstreichen, die Tomaten darin verteilen, etwas salzen und pfeffern.

Die Eier mit dem Schmand verschlagen, salzen, pfeffern und mit Cayenne und Muskatnuss würzen. Die Eiermasse über die Tomaten gießen, im vorgeheizten Ofen auf der mittleren Schiene in ca. 30 Minuten garen. Falls die Oberfläche zu schnell bräunt, nach etwa 20 Minuten locker mit Alufolie abdecken.

Inzwischen für die Tapenade den Knoblauch schälen und hacken. Die Oliven evtl. vom Stein schneiden und hacken. Die Kräuter waschen, trocken schütteln und hacken. Alles mischen und zusammen sehr fein hacken. Zum Schluss Zitronenschale und Olivenöl zugeben.

Die Petersilie waschen, trocken schütteln, hacken und über das fertige Gericht streuen. Die Tapenade in kleinen Klecksen dazwischen verteilen.

MOZZARELLA
mit Trauben-Oliven-Topping

ZUTATEN

30 g blaue kernlose Trauben
3–4 schwarze Oliven
4 Walnusskernhälften
2 Zweige Thymian
Salz I frisch gemahlener schwarzer Pfeffer
1 Kugel Mozzarella
2 TL Olivenöl

Die Trauben waschen, trocken tupfen und ca. 3 mm groß würfeln. Die Oliven ggf. entkernen und sehr klein würfeln. Die Walnüsse klein hacken. Den Thymian waschen und trocken schütteln, die Blättchen abstreifen. Alles mischen, salzen und pfeffern.

Den Mozzarella trocken tupfen, in Scheiben schneiden und auf einem Teller anrichten. Salzen, pfeffern und mit dem Öl beträufeln. Das Topping darauf verteilen.

PANIERTER MOZZARELLA
auf Zwiebel-Trauben-Ragout

ZUTATEN

1 rote Zwiebel (etwa 75 g)
100 g blaue kernlose Trauben
3–4 Zweige Thymian
2–3 TL Mehl I 1 Ei
2 EL Paniermehl, z. B. Panko
(oder selbst gemachtes, Seite 132)
4 TL Olivenöl
Salz I frisch gemahlener schwarzer Pfeffer
1 Kugel Mozzarella

Die Zwiebel schälen und knapp 1 cm groß würfeln. Die Trauben waschen, trocken tupfen und halbieren. Den Thymian waschen und trocken schütteln , die Blättchen abzupfen. 3 Schälchen zum Panieren bereitstellen. In das 1. Schälchen das Mehl geben, im 2. Schälchen das Ei mit einer Gabel verschlagen und in das 3. Schälchen das Paniermehl geben.

Die Zwiebel in 2 TL Öl glasig andünsten. Die Trauben zugeben und unter Rühren etwa 5 Minuten weiterdünsten. Salzen und pfeffern, mit dem Thymian bestreuen und warm halten.

Inzwischen den Mozzarella quer halbieren, trocken tupfen, salzen und pfeffern. Zuerst im Mehl wenden, auch an den Seiten, dann durch das Ei ziehen und schließlich von allen Seiten fest ins Paniermehl drücken. Das restliche Öl erhitzen. Die Mozzarellahälften darin bei mittlerer Hitze in 4–5 Minuten goldbraun braten, dabei öfter wenden. Heiß auf dem Zwiebel-Trauben-Ragout anrichten.

KICHERERBSEN-TOMATEN-PFANNE

mit geschmolzenem Mozzarella

ZUTATEN

1 kleine Zwiebel (ca. 60 g)
1 Knoblauchzehe
125 g Kirschtomaten
½ Dose Kichererbsen (125 g Abtropfgewicht)
2 TL Olivenöl
20 g Tomatenmark
100 ml Gemüsebrühe, evtl. etwas mehr
1 TL getrockneter Thymian (nach Belieben)
½ TL gemahlener Kreuzkümmel
2–3 Stängel glatte Petersilie (alternativ frischer Oregano)
4–5 Mini-Mozzarella
Salz I frisch gemahlener schwarzer Pfeffer
Chiliflocken

Dass Kichererbsen zu weit mehr taugen als zu Hummus beweist dieses Gericht, wo sie mit Zwiebeln, Tomaten, Knoblauch, Kräutern und Gewürzen zu einer köstlichen Einheit verschmelzen. Der Clou ist der geschmolzene Mozzarella!

Zwiebel und Knoblauch schälen und hacken. Die Tomaten waschen und quer in 1 cm dicke Scheibchen schneiden. Die Kichererbsen abgießen, abspülen und abtropfen lassen.

Die Zwiebel im Öl glasig andünsten, den Knoblauch kurz mitdünsten. Das Tomatenmark einrühren und unter Rühren anrösten, bis es duftet. Die Kichererbsen untermischen, die Brühe angießen und aufkochen. Tomaten, Thymian und Kreuzkümmel untermischen und das Ganze 10–15 Minuten köcheln, dabei gelegentlich umrühren und, falls nötig, etwas mehr Brühe zugeben. Inzwischen die Petersilie oder den Oregano waschen, trocken schütteln und hacken. Den Mozzarella abgießen, trocken tupfen und quer halbieren.

Die Kichererbsen-Tomaten-Pfanne mit Salz, Pfeffer und Chiliflocken würzen. Den Mozzarella darauf verteilen, etwas salzen und zugedeckt bei geringer Hitze in 4–5 Minuten schmelzen lassen. Die Petersilie darüberstreuen und sofort servieren.

PIZZA mit Oliven und Tomaten

ZUTATEN

½ Pizzaboden aus dem Kühlregal
100 g Crème fraîche (alternativ Schmand)
25 g Tomatenmark
1 TL Sambal Oelek (alternativ Chiliflocken)
Salz | frisch gemahlener schwarzer Pfeffer
150 g Kirschtomaten
10–12 schwarze Oliven
20 g frisch geriebener Parmesan
3–4 Stängel Basilikum

Den Ofen auf 220 °C (Ober-/Unterhitze), oder nach Packungsangabe, vorheizen. Den Pizzateig ausrollen und mit dem Backpapier auf ein Blech legen. Die Crème fraîche mit Tomatenmark und Sambal Oelek glatt rühren, mit Salz und Pfeffer abschmecken. Die Creme gleichmäßig auf dem Pizzaboden verteilen, dabei einen Rand von etwa 1 cm frei lassen.

Die Tomaten waschen, abtrocknen, quer in ca. 1 cm dicke Scheiben schneiden und gleichmäßig auf dem Pizzaboden verteilen. Salzen und pfeffern. Die Oliven vom Stein schneiden oder – wenn sie bereits entkernt sind – in Scheiben schneiden und dazwischen verteilen. Den Parmesan darüberstreuen.

Im vorgeheizten Ofen (Mitte) 15–20 Minuten backen, bis die Kanten gebräunt sind.

Inzwischen das Basilikum waschen und trocken schütteln. Die fertige Pizza mit den Basilikumblättchen bestreuen und sofort servieren.

Süsse TRAUBEN-PIZZA

ZUTATEN

¼ rechteckiger Pizzaboden
75 g Crème fraîche (alternativ Schmand)
1 Prise Salz
½ TL Ceylonzimt
80–100 g blaue kernlose Trauben
2 EL brauner Zucker

Den Ofen auf 220 °C (Ober-/Unterhitze), oder nach Packungsangabe, vorheizen. Den Pizzateig ausrollen und mit dem Backpapier auf ein Blech legen. Die Crème fraîche mit einer Prise Salz und dem Zimt glatt rühren. Etwa 60 g davon auf dem Pizzaboden verteilen, dabei einen Rand von etwa 1 cm frei lassen.

Die Trauben waschen, trocken tupfen und längs halbieren. Mit der Schnittfläche nach oben auf dem Teig verteilen. Gleichmäßig mit dem Zucker bestreuen und im vorgeheizten Ofen (Mitte) 15–20 Minuten backen, bis die Ränder gebräunt und der Zucker geschmolzen ist.

Die restliche Crème fraîche in Klecksen daraufsetzen und heiß servieren.

BROKKOLI

Ähnlich wie Blumenkohl kann Brokkoli nahezu komplett gegessen werden, lediglich der Strunk wird dünn geschält und holzige Enden entfernt. In manchen Rezepten werden nur die Röschen benötigt. Der Strunk eignet sich perfekt für eine Rohkost oder eine schnelle Gemüsepfanne. Dafür wird der in Stücke geschnittene Strunk im Blitzhacker zu „Reis" gehackt. Zuerst Zwiebelwürfel andünsten, dann den gehackten Brokkolistrunk dazu, 4–5 Minuten rührbraten. Würzen, vielleicht ein Ei darüber oder einen Rest Reis. Fertig in weniger als 10 Minuten und fast umsonst.

HÄHNCHENBRUST

Wie schon erwähnt, ist jedes Biofleisch die bessere Wahl. Nicht nur für das Tierwohl, sondern auch für den besseren Geschmack. Am besten in einer Kühltasche transportieren und vor dem Verzehr kalt abspülen und trocken tupfen. Messer und Bretter, die mit dem rohen Fleisch Kontakt hatten, mit kochend heißem Wasser reinigen.

SIEBENTER EINKAUFSKORB

BROKKOLI IST NICHT NUR EINS DER GESÜNDESTEN GEMÜSE ÜBERHAUPT, ER IST AUCH PERFEKT UNTER DEM ZERO-WASTE-ASPEKT, WEIL NICHT NUR DIE RÖSCHEN, SONDERN AUCH STIELE UND STRUNK GEGESSEN WERDEN. DESHALB BEIM KAUF IMMER DEN STRUNK VON UNTEN GENAU BETRACHTEN: HAT ER RISSE ODER LÖCHER, EIGNET ER SICH VERMUTLICH NICHT SO GUT FÜR EINE SCHNELLE ROHKOST, WAS AUSGESPROCHEN SCHADE WÄRE!

KARTOFFELN

Je größer der Sack, desto günstiger der Kilopreis. Das funktioniert für Großfamilien, nicht aber für einen Single. Denn irgendwann treiben sie aus, werden welk und ungenießbar. In der Regel kommt man mit „überwiegend festkochenden" Sorten am weitesten. Für Püree und Ofenkartoffeln sind aber „mehligkochende" Kartoffeln besser geeignet, und für Salate und Gratins nimmt man „festkochende" Kartoffeln.

BROKKOLI *mit brauner Butter und Mandeln*

ZUTATEN

150–170 g Brokkoli
15 g Mandelblättchen
20 g Butter
Salz I frisch gemahlener schwarzer Pfeffer
Chiliflocken
15 g Parmesan (nach Belieben)

Den Brokkoli in mundgerechte Stücke teilen, abbrausen und 4 Minuten dämpfen (siehe Blumenkohl dämpfen, Seite 79).

Inzwischen die Mandelblättchen in einer kleinen Pfanne ohne Fett goldbraun rösten und herausnehmen. Die Butter in die Pfanne geben, bei sanfter Hitze schmelzen lassen, bis sie schäumt und so lange weiterköcheln, bis sie goldbraun ist und sich einige dunkle Flöckchen bilden.

Den Brokkoli etwas ausdampfen lassen, in eine Schale füllen, mit der Butter beträufeln, salzen, pfeffern und mit Chiliflocken würzen. Die Mandelblättchen darüberstreuen. Wer mag streut zusätzlich noch Parmesan darüber, den man mit einem Sparschäler in dünnen Spänen vom Stück abhobelt.

Brokkoli-Kartoffel- SUPPE

ZUTATEN

1 Schalotte
1 kleine Knoblauchzehe
1 Brokkolistrunk (ca. 125 g)
1 kleine Kartoffel (ca. 60 g)
2 TL Olivenöl
250 ml Gemüsebrühe
30 g Doppelrahm-Frischkäse
Kräutersalz I frisch gemahlener grüner Pfeffer
Cayennepfeffer
1 TL Zitronensaft
½ TL Abrieb von einer Bio-Zitrone
2–3 TL Joghurt (alternativ Crème fraîche)
1 Stängel glatte Petersilie

Schalotte und Knoblauch schälen und hacken. Brokkolistrunk schälen und in etwa 2 cm große Stücke schneiden. Kartoffel schälen und klein würfeln, damit beide gleichzeitig gar werden.

Die Schalotte im Öl glasig andünsten, den Knoblauch kurz mitdünsten. Die Brokkolistücke zugeben und 1 Minute unter Rühren andünsten. Die Brühe angießen und aufkochen. Die Kartoffelwürfel zugeben, zugedeckt 10–12 Minuten garen. Mit dem Stabmixer fein pürieren. Den Frischkäse einrühren, nochmals durchmixen. Mit Kräutersalz, Pfeffer, Cayennepfeffer, Zitronensaft und Zitronenschale abschmecken. Die Suppe mit Joghurt garnieren. Die Petersilie waschen, trocken schütteln, hacken und darüberstreuen.

OFENKARTOFFEL

mit Hähnchenbruststreifen

ZUTATEN

FÜR DIE KARTOFFEL

1 mehligkochende Kartoffel (ca. 250 g, alternativ 2 kleinere à 125 g)
1 TL Olivenöl
Salz
15 g Butter

FÜR DIE FÜLLUNG

80–100 g Hähnchenbrustfilet
80 g Brokkoli
Salz
1 Schalotte
2 TL Olivenöl
40 g Doppelrahm-Frischkäse
frisch gemahlener schwarzer Pfeffer
Cayennepfeffer

Eine Ofenkartoffel ist reines Soulfood! Schon mit einem Klecks Butter und Flockensalz oder Sour Cream ist sie eine Delikatesse. Doch jeder Genuss lässt sich steigern, und hier bekommt die Kartoffel eine herrlich würzige Füllung aus Brokkoli und Hähnchenstreifen.

Den Ofen auf 200 °C (Umluft) vorheizen. Die Kartoffel nicht schälen, sondern gründlich waschen, trocken tupfen, von allen Seiten mit einer Gabel einstechen, mit dem Öl einreiben und rundum salzen. Im vorgeheizten Ofen 45–60 Minuten backen. Prüfen, ob sie gar ist. Dann halb einschneiden, etwas auseinanderdrücken, die Butter darin schmelzen und mit dem weichen Inneren der Kartoffel der Gabel vermischen. Salzen und anschließend füllen.

Das Fleisch kalt abspülen und trocken tupfen, Sehnen und Häutchen entfernen. Gegen die Faser in kleinfingergroße Streifen schneiden. Den Brokkoli in ca. 1 cm große Stücke schneiden und abbrausen. Den Brokkoli 3 Minuten dämpfen (siehe Blumenkohl dämpfen, Seite 79), ausdampfen lassen und salzen.

Die Schalotte schälen, würfeln und in 1 TL Öl glasig andünsten. Den Frischkäse und 2 EL Wasser einrühren, salzen, pfeffern und mit Cayennepfeffer würzen. Den Brokkoli untermischen. Gleichzeitig das Fleisch salzen und im restlichen Öl in 3–4 Minuten rundum goldbraun braten, dann pfeffern.

Den Brokkoli in die Kartoffel füllen und die Hähnchenstreifen darauf anrichten.

VEGETARISCHE VARIANTE:
Das Fleisch durch kross gebratene **Tofuwürfel** ersetzen.

TIPP

Wer nicht so lange warten will, kann sich eine fertig gebackene Ofenkartoffel (Kumpir) im türkischen Imbiss oder einem Steakhaus kaufen.

BROKKOLI-KARTOFFEL-GRATIN

mit grünem Pfeffer

ZUTATEN

175 g festkochende Kartoffeln oder gekochte Kartoffeln vom Vortag

Salz

1 Brokkolistrunk (ca. 150 g, siehe Seite 104)

50 g Frischkäse

50 g Magerquark

50 ml Milch

Kräutersalz

20 g weiche Butter

1–2 TL eingelegter grüner Pfeffer (alternativ frisch gemahlener grüner Pfeffer)

20 g Paniermehl (siehe Seite 132)

Das Reizvolle an einem Gratin ist die buttrige Knusperschicht, die das eigentliche Gericht verdeckt. Und wenn man dafür selbst gemachte Semmelbrösel verwendet und so eine alte Semmel gerettet hat, dann macht das Essen gleich noch mehr Spaß!

Die Kartoffeln waschen und in Salzwasser ca. 20 Minuten gar kochen. Abgießen und etwas ausdampfen lassen. Danach pellen und in 4 mm dicke Scheiben hobeln oder schneiden. Den Brokkolistrunk schälen und mit den kleinen „Zweigen" in 4 mm dicke Scheiben hobeln. In Salzwasser 4 Minuten köcheln, abgießen und ausdampfen lassen. Inzwischen Frischkäse, Quark und Milch mit dem Schneebesen glatt verrühren, mit Kräutersalz würzen.

Den Ofen auf 200 °C (Umluft) vorheizen. Eine kleine ofenfeste Form (ø ca. 15 cm) mit etwas Butter ausstreichen. Abwechselnd die Kartoffel- und Brokkolischeiben einschichten, dazwischen immer ein paar Pfefferkörner streuen (oder mit frisch gemahlenem Pfeffer würzen).

Die Form in den Ofen stellen und 10 Minuten backen. Inzwischen die restliche Butter mit dem Paniermehl vermischen und gleichmäßig auf dem Gratin verteilen. Den Ofenrost mit der Form ganz nach oben schieben, die Grillfunktion des Ofens dazuschalten und 3–5 Minuten überbacken, bis die Kruste goldbraun und knusprig ist.

BROKKOLI UND KARTOFFELN *in Kurkuma-Schmand*

ZUTATEN

125 g kleine festkochende Kartoffeln
(besser: gekochte Kartoffeln vom Vortag)
Salz
15 g Cashewkerne
1 mittelgroße Zwiebel
1 EL Olivenöl
100 g Brokkoliröschen
½ TL Kurkuma
50 g Schmand (alternativ Crème fraîche)
frisch gemahlener schwarzer Pfeffer
1 TL Abrieb von einer Bio-Zitrone
1 Spritzer Zitronensaft
Chiliflocken
¼–½ TL Schwarzkümmel

Die Kartoffeln waschen und in Salzwasser je nach Größe in 18–22 Minuten garen. Abgießen, ausdampfen lassen und pellen.

Inzwischen die Cashewkerne in einer Pfanne ohne Fett goldbraun rösten und auf einem Teller abkühlen lassen. Die Zwiebel schälen, längs halbieren und quer in Streifen schneiden. Im Öl in 5–7 Minuten weich dünsten. Die Brokkoliröschen in mundgerechte Stücke schneiden, abspülen und in 3 Minuten bissfest dämpfen.

Die Kartoffeln in Scheiben oder Würfel schneiden, zu den Zwiebeln geben und sanft anbraten. Mit Kurkuma bestreuen und untermischen. Den Schmand einrühren. Mit Salz, Pfeffer, Zitronenschale und etwas Zitronensaft abschmecken. Den Brokkoli unterheben und vorsichtig erhitzen. Mit Cashews, Chiliflocken und Schwarzkümmel bestreuen.

KARTOFFEL-BROKKOLI-STAMPF *mit Spiegelei*

ZUTATEN

125 g Brokkoliröschen
20 g Butter
150 g gekochte, gepellte Kartoffeln
Salz I frisch gemahlener schwarzer Pfeffer
frisch geriebene Muskatnuss
Chiliflocken
1 Ei (Größe M)
2 Stängel glatte Petersilie

Die Brokkoliröschen waschen, trocken tupfen und ca. 1 cm groß hacken. In 15 g Butter 2 Minuten rührbraten. 2 EL Wasser zugeben und zugedeckt weitere 2–3 Minuten bissfest garen. Inzwischen die Kartoffeln in grobe Stücke schneiden und über Dampf 3–4 Minuten erhitzen. Mit dem Kartoffelstampfer zerdrücken. Den Brokkoli samt Restflüssigkeit zugeben, nochmals durchstampfen. Mit Salz, Pfeffer, Muskatnuss und Chiliflocken würzen.

Gleichzeitig in einer kleinen Pfanne in der restlichen Butter das Ei braten, salzen und pfeffern. Die Petersilie waschen und trocken schütteln. Den Stampf in einer Schale anrichten, die Petersilie darüberstreuen und das Spiegelei darauf anrichten.

ORIENTALISCHER BROKKOLISALAT *mit Aprikosen*

ZUTATEN

150 g Brokkoliröschen
Salz
40 g getrocknete Aprikosen
½ rote Chilischote
(alternativ ¼ TL Chiliflocken)
15 g Mandeln
2 TL Aceto balsamico bianco
(alternativ Apfelessig)
1 TL Agavendicksaft
1 TL Ras el Hanout
frisch gemahlener schwarzer Pfeffer
1 EL Olivenöl

Den Brokkoli in mundgerechte Stücke schneiden. In 3 Minuten bissfest dämpfen (siehe Blumenkohl dämpfen, Seite 79). Eiskalt abbrausen, abtropfen lassen und salzen. Die Aprikosen in Streifen schneiden. Die Chilischote abspülen und in schmale Ringe schneiden, die Kerne dabei entfernen. Die Mandeln grob hacken.

Den Essig mit Agavendicksaft, ½ TL Ras el Hanout, Salz und Pfeffer verrühren, dann das Öl unterschlagen. Den Brokkoli trocken tupfen, mit Dressing, Aprikosen und Mandeln mischen und mit den Chiliringen (bzw. Chiliflocken) und restlichem Ras el Hanout bestreuen.

PASTA *mit Brokkoli-Sahnesauce*

ZUTATEN

70–80 g Pasta nach Wahl
Salz
1 Schalotte (alternativ 1 kleine Zwiebel)
2–3 Stängel glatte Petersilie
60 g Brokkoliröschen (ohne we)
2 TL Olivenöl
125 ml Gemüsebrühe
50 g Doppelrahm-Frischkäse
1 ½ TL Zitronensaft
1 TL Abrieb von einer Bio-Zitrone
frisch gemahlener grüner Pfeffer
Cayennepfeffer
15 g frisch geriebener Parmesan

Pasta in reichlich Salzwasser nach Packungsangabe garen. Die Schalotte schälen und fein hacken. Die Petersilie waschen und trocken schütteln. Ein paar Blättchen beiseitelegen, den Rest mit den feineren Stielen grob hacken. Den Brokkoli waschen, trocken tupfen und grob hacken. Zusammen mit der Petersilie im Blitzhacker fein wie Couscous zerkleinern.

Schalotte im Öl glasig andünsten, die Brühe angießen und aufkochen. Den Frischkäse einrühren. Die Brokkoli-Petersilien-Mischung zugeben und etwa 3 Minuten köcheln. Der Brokkoli soll noch etwas Biss haben. Mit Zitronensaft, Zitronenschale, Salz, Pfeffer und Cayennepfeffer pikant abschmecken. Die Pasta abgießen und abtropfen lassen. In eine Schale füllen, darüber die Sauce geben, mit Parmesan bestreuen und mit den Petersilienblättchen garnieren.

VORGEGARTE VAKUUMIERTE ROTE BETE

Sie sind monatelang haltbar – sogar ohne Kühlung – kosten nicht viel und sparen Energie, weil sie direkt verarbeitet werden können. Manchmal muss man nur die Stielansätze etwas wegschneiden. In jedem Fall sollte man Einweghandschuhe tragen, wenn man mit ihnen arbeitet – wobei „Einweg" auch „Mehrweg" sein kann: einfach abspülen und trocknen lassen.

Nicht sofort verbrauchte Bete in einer verschließbaren Box oder einem Schraubglas (siehe Seite 14) im Kühlschrank aufbewahren. Sie sind dann noch 3–4 Tage haltbar.

FETA

Ungeöffnet ist er meist mehrere Monate im Kühlschrank haltbar, nach dem Öffnen verdirbt er allerdings recht schnell und ist nur noch wenige Tage haltbar.

ACHTER EINKAUFSKORB

DIE ZUTATEN IN UNSEREM LETZTEN EINKAUFSKORB SIND WIEDER SO ZUSAMMENGESTELLT, DASS SIE SICH GEGENSEITIG GESCHMACKLICH PERFEKT ERGÄNZEN. UND WENN MAN GERADE VIEL UNTERWEGS IST UND NICHT IMMER ZU HAUSE KOCHT: KEIN PROBLEM! DIE ROTEN BETEN HALTEN ES IN IHRER FOLIE EIN PAAR WEITERE WOCHEN AUS, UND AUCH DER FETA IST LANGE HALTBAR – NUR SOBALD ER GEÖFFNET IST, SOLLTE ER AUCH ZÜGIG VERARBEITET WERDEN.

ANANAS

Eine wirklich reife Frucht erkennt man daran, dass sich einzelne Blätter aus dem Schopf leicht herausziehen lassen. Beim Schälen darauf achten, dass die schwarzen „Augen" mit entfernt werden.

Bleibt ein großer Rest, kann man sie auch einfrieren. Dazu klein schneiden und so auf ein mit Backpapier ausgelegtes Blech legen, dass sie sich nicht berühren. Mit dem Blech in den Tiefkühler stellen. Die gefrorenen Stücke anschließend in eine verschließbare Box geben und wieder in den Tiefkühler stellen.

Einfacher geht es so: die Ananasstücke fein pürieren und das Mus in kleinen Boxen einfrieren. Dann einzeln entnehmen und für Smoothies verwenden.

LINSENCURRY

mit Ananas

ZUTATEN

1 mittelgroße Zwiebel (ca. 70 g)

1 Knoblauchzehe

1 Stück Ingwer, haselnussgroß (nach Belieben)

1 Scheibe frische Ananas (etwa 100 g)

1 Frühlingszwiebel

1 EL Kokosöl (alternativ Rapsöl)

1–2 TL Currypulver

½ Dose Linsen (125 g Abtropfgewicht)

75 ml Gemüsebrühe

20 g Instant-Kokospulver (siehe Tipp rechts, alternativ 50–75 ml Kokosmilch)

Salz | frisch gemahlener schwarzer Pfeffer

Chiliflocken (nach Belieben)

Ein gutes Curry lebt von vielschichtigen Geschmackseindrücken. Knoblauch und Zwiebel sorgen mit Currypulver für die richtige Grundwürze. Ananas bringt sowohl Süße wie Säure, Ingwer und Kokos einen ordentlichen Exotik-Kick und Chiliflocken den scharfen Gaumenkitzel.

Die Zwiebel schälen, längs halbieren und quer in Streifen schneiden. Knoblauch und Ingwer schälen und klein hacken. Die Ananas schälen und klein würfeln, den Strunk dabei entfernen. Frühlingszwiebel putzen, abspülen und in schmale Ringe schneiden.

Die Zwiebelstreifen im Öl glasig andünsten, Knoblauch und Ingwer kurz mitdünsten. Die Ananas zugeben und 3 Minuten unter gelegentlichem Rühren mitdünsten. Mit zunächst 1 TL Curry bestreuen, gut mischen, dann Linsen und Brühe zugeben. Aufkochen, das Kokospulver einrühren. In 3–5 Minuten sämig einkochen. Mit Salz, Pfeffer und evtl. mehr Currypulver und Chiliflocken pikant abschmecken und mit den Frühlingszwiebelringen bestreuen.

Mit Fladenbrot oder Reis servieren.

TIPP

1 Dose mit meist 400 g Kokosmilch ist für 1 Person viel zu viel. Man kann nicht verwendete Kokosmilch sehr gut portionsweise einfrieren. Oder Instant-Kokospulver kaufen, das ist lange haltbar und lässt sich individuell dosieren.

ROTE-BETE-CARPACCIO

mit Feta

ZUTATEN

125 g Rote Bete (vakuumiert)
2 TL Aceto balsamico
Salz I frisch gemahlener schwarzer Pfeffer
1 Frühlingszwiebel
50 g Feta
2 TL Olivenöl

Die Rote Bete trocken tupfen, in hauchdünne Scheiben hobeln (dabei Einweghandschuhe anziehen) und leicht überlappend auf einem großen flachen Teller anrichten. Gleichmäßig mit dem Essig beträufeln, salzen und pfeffern.

Die Frühlingszwiebel putzen, abspülen, in schmale Ringe schneiden und auf die Rote Bete streuen. Den Feta zerkrümeln und dazwischen verteilen. Zum Schluss das Olivenöl darüberträufeln.

ROTE-BETE-LINSEN-SALAT

mit Feta

ZUTATEN

½ Dosen Linsen (125 g Abtropfgewicht)
2 EL Aceto balsamico
1 Rote Bete (vakuumiert, ca. 60 g)
1 TL Zitronensaft
1 TL Abrieb von einer Bio-Zitrone
Salz I frisch gemahlener schwarzer Pfeffer
1 Frühlingszwiebel
50 g Feta

Die Linsen abgießen und abtropfen. Mit dem Essig mischen. Die Rote Bete trocken tupfen, 3 mm klein würfeln und mit Zitronensaft, Zitronenschale, Salz und Pfeffer zu den Linsen geben, gut mischen und etwa 30 Minuten marinieren, zwischendurch gelegentlich umrühren.

Die Frühlingszwiebel waschen und putzen. Das Weiße hacken, das Grüne in schmale Ringe schneiden. Den Feta zerbröckeln und mit den Frühlingszwiebeln teils unter den Salat mischen, teils darüberstreuen.

Rote-Bete-Meerrettich-SUPPE

ZUTATEN

1 mittelgroße rote Zwiebel (ca. 75 g)
1 Frühlingszwiebel
125 g Rote Bete (vakuumiert)
2 TL Olivenöl
150 ml Gemüsebrühe
2 TL scharfer Meerrettich (Glas)
1 ½ TL Zitronensaft
1 TL Abrieb von einer Bio-Zitrone
40 g Crème fraîche (alternativ Schmand)
1–1 ½ TL Ahornsirup
Salz I frisch gemahlener grüner Pfeffer

Die Zwiebel schälen und grob würfeln. Die Frühlingszwiebel waschen und putzen, Weißes und Grünes separat in Ringe schneiden. Die Rote Bete grob stückeln.

Die rote Zwiebel im Öl glasig andünsten. Das Frühlingszwiebelweiß kurz mitdünsten. Die Rote Bete zugeben und unter Rühren 1 Minute mitdünsten. Die Brühe angießen, aufkochen und zugedeckt 5 Minuten köcheln lassen. Meerrettich, Zitronensaft, Zitronenschale und die Hälfte der Crème fraîche zugeben und mit dem Stabmixer fein pürieren. Mit Ahornsirup, Salz und Pfeffer abschmecken.

Die Suppe in eine Schale füllen, die restliche Crème fraîche als Klecks daraufsetzen und etwas verrühren, die grünen Zwiebelringe darüberstreuen.

Linsen-Rote-Bete-HUMMUS

ZUTATEN

½ Dose Linsen (125 g Abtropfgewicht)
½ Knoblauchzehe
1 kleine Rote Bete (vakuumiert, ca. 50 g)
1–2 TL Zitronensaft
1 TL Abrieb von einer Bio-Zitrone
30 g Cashewmus (Rezept Seite 137)
Salz I frisch gemahlener schwarzer Pfeffer
¼ TL gemahlener Kreuzkümmel
2 TL Olivenöl

Die Linsen in ein Sieb schütten und abtropfen lassen. Den Knoblauch schälen und grob hacken. Die Rote Bete in Stücke schneiden. Alles im Blitzhacker fein pürieren. 1 TL Zitronensaft, Zitronenschale und Cashewmus zugeben, nochmals durchmixen. Mit Salz, Pfeffer und Kreuzkümmel abschmecken, evtl. etwas mehr Zitronensaft zugeben. In eine Schale füllen, mit dem Löffel eine „Rinne" oder Mulde hineindrücken, das Öl hineingeben.

Orientalische LINSEN

ZUTATEN

- 2 Schalotten (ca. 60 g, alternativ 1 kleine rote Zwiebel)
- 1 Knoblauchzehe
- 1 Frühlingszwiebel
- 2–3 getrocknete Datteln (ca. 40 g)
- ½ Dose Linsen (125 g Abtropfgewicht)
- 2 TL Olivenöl
- 1 TL Ras el Hanout
- ½ TL gemahlener Kreuzkümmel
- 50 ml Gemüsebrühe, evtl. etwas mehr
- 50 g Joghurt (3,5% Fett)
- Salz I frisch gemahlener schwarzer Pfeffer
- Chiliflocken

Getrocknete Datteln, Kreuzkümmel und das sagenhafte Ras el Hanout geben den Linsen die typisch orientalische Note. Ras el Hanout ist eine marokkanische Gewürzmischung, die mindestens sechs, aber bis zu 20 oder 25 Zutaten enthalten kann. Übersetzt heißt Ras el Hanout „Das Beste, was der Laden zu bieten hat" oder auch „Chef des Ladens".

Schalotten und Knoblauch schälen. Die Schalotten längs in 2–3 mm breite Streifen schneiden, den Knoblauch hacken. Die Frühlingszwiebel waschen und putzen, das Weiße und das Grüne separat in schmale Ringe schneiden. Die Datteln halbieren, entkernen und quer in Streifen schneiden. Die Linsen in ein Sieb schütten und abtropfen lassen.

Die Schalotten im Öl glasig andünsten, Zwiebelweiß und Knoblauch kurz mitdünsten. Datteln, Ras el Hanout und Kreuzkümmel zugeben, gut untermischen und 1 Minute unter Rühren mitdünsten. Die Linsen zugeben und die Brühe angießen. Etwa 5 Minuten köcheln, bis die Datteln weich und die Flüssigkeit sämig eingekocht ist. Falls nötig, etwas mehr Brühe zugeben.

Den Joghurt mit etwas Salz und Pfeffer verrühren. Die Linsen mit Salz und Pfeffer abschmecken und in eine Schale füllen. Den Joghurt als Klecks daraufsetzen, mit grünen Zwiebelringen und Chiliflocken bestreuen.

Ananas-Rote-Bete- SMOOTHIE

ZUTATEN

1 Scheibe frische Ananas (ca. 200 g)
1 kleines Stück Ingwer (ca. 5 g)
1 Rote Bete (vakuumiert, ca. 60 g)
1 Prise Salz
1 TL Zitronensaft
2–3 TL Agavendicksaft (nach Belieben)

Die Ananas schälen und in Stücke schneiden, den Strunk dabei entfernen. Den Ingwer schälen und grob hacken. Die Rote Bete vierteln. Alles zusammen mit 100 ml kaltem Wasser, Salz und Zitronensaft in den Standmixer geben und auf höchster Stufe so fein wie möglich pürieren. Nach Belieben süßen und nochmals durchmixen.

ROTE-BETE-SCHOKOLADEN-CREME *mit karamellisierter Ananas*

ZUTATEN

100 g Rote Bete (vakuumiert)
2 EL Ahornsirup
30 g Cashewmus (Rezept Seite 137, alternativ weißes Mandelmus)
2 EL Backkakao
1 Prise Salz
1 Prise Cayennepfeffer
½–1 TL Aceto balsamico
1 Scheibe frische Ananas, etwa 125 g
10 g Butter
2 TL Zucker

Die Rote Bete in Stücke schneiden und mit Ahornsirup und Cashewmus in einen schmalen Mixbecher geben und mit dem Stabmixer fein pürieren. Den Kakao mit einem Löffel unterrühren, mit Salz, Cayennepfeffer und Essig abschmecken. Bis zur Verwendung kaltstellen.

Die Ananas schälen, in Stücke schneiden, den Strunk dabei entfernen. Die Butter in einer Pfanne erhitzen, bis sie schäumt, die Ananasstücke 2 Minuten unter Rühren darin braten. Mit dem Zucker bestreuen und so lange unter Rühren weiterbraten, bis der Zucker geschmolzen und die Ananas mit einer feinen Karamellschicht überzogen ist. Noch heiß mit der kalten Schokoladencreme anrichten.

ICH GEB' DIR

den Rest

ROHES GEMÜSE

GEMÜSEPFANNE

Alle **Gemüsereste** klein schneiden. Zuerst **Zwiebel** in etwas **Öl** glasig andünsten, dann die härteren Gemüsesorten, die 15–20 Minuten brauchen, wie Karotten, Rote Bete oder Knollensellerie zugeben und unter Rühren braten. Dann Sorten, die 8–10 Minuten brauchen, wie Brokkoli und Blumenkohl, und schließlich die schnell garenden Sorten wie Zucchini und zuallerletzt Tomaten zugeben und anbraten. Mit **Sojasauce** und **Petersilie** würzen und mit Reis oder Fladenbrot servieren.

VEGETARISCHE BOLOGNESE

Die **Gemüsereste** im Blitzhacker zu Bulgur-Größe hacken und in derselben Reihenfolge, wie im vorherigen Rezept beschrieben, braten. Zum Schluss **1–2 EL Tomatenmark** einrühren, mit etwas **Brühe** aufgießen und kurz köcheln lassen. Mit Pasta, Couscous, Quinoa oder Reis essen.

OFENGEMÜSE

Karotten, Kohlrabi, Sellerie, Kartoffeln, Blumenkohl, Zwiebeln ... Auch wenn jeweils nur ein Stück noch da ist – zusammen ergeben sie eine wundervolle Mahlzeit! Perfekt für das Freitags-Reste-Essen. Dazu das **Gemüse** zerkleinern: langsam garendes Gemüse, wie Rote Bete, recht klein schneiden und solche, die schneller garen, wie Blumenkohl, etwas größer. In eine ofenfeste Form geben, mit **1–2 EL Olivenöl** beträufeln, mit den Händen gut durchmischen, **salzen**, **pfeffern** und 30–40 Minuten bei 200 °C (Umluft) backen. Zwischendurch 1–2 Mal wenden. Etwas **Tahin** mit **Joghurt**, **Zitronensaft**, **Salz** und **Pfeffer** verrühren und zum Gemüse servieren.

GEMÜSEBRÜHE ALS PASTE

Statt sich eine fertige Basis für Gemüsebrühe zu kaufen, macht man sie ganz einfach selbst. Voraussetzung ist allerdings ein Blitzhacker, notfalls tut es ein Stabmixer, was das Ganze aber etwas mühsamer macht.

Auch kleinste Gemüsereste sind geeignet, wie Karotten, Knollensellerie, Pastinaken, Petersilienwurzel, Lauch, Zwiebeln, Knoblauch, Pilze oder Ingwer. Alles grob gestückelt in den Blitzhacker geben und millimeterfein hacken. Dann abwiegen und zurück in den Mixbehälter geben. Pro **100 g Gemüse** jetzt **20 g Salz** zugeben und nochmals durchmixen. Das trockene Gemüse sollte jetzt zu einer feuchten Masse werden. In einem Schraubglas im Kühlschrank ist sie durch das Salz monatelang haltbar. 1 TL der Masse pro 100 ml Wasser für eine Brühe. Auch super als Würzmittel, dann aber sparsam mit weiterem Salz sein!

TROCKENES GEMÜSEPULVER

Das lohnt sich eher für große Mengen, da es lange im Ofen trocknen muss. Das fein gehackte **Gemüse** auf einem Backblech mit Backpapier verteilen, salzen (nicht so viel wie bei der Paste!), **pfeffern** und mit **Muskatnuss** würzen. Für 6–8 Stunden bei 80 °C (Umluft) trocknen, die Ofentür dabei mithilfe eines Kochlöffels einen Spalt offenlassen. Zwischendurch das Gemüse wenden. Wenn es komplett durchgetrocknet ist, nochmals im Blitzhacker zu einem feinen Pulver mahlen. In gut schließender Schraubgläsern aufbewahren.

SCHLAPPES ODER WELK GEWORDENES GEMÜSE

Sehr genau untersuchen und wirklich verdorbene Teile großzügig bis radikal entfernen. Anschließend in eiskaltes Wasser legen und 10 Minuten darin liegen lassen. Wenn das nicht hilft, muss es leider entsorgt werden. Meistens aber hilft es, besonders bei Blattsalaten und Kräutern. Dann aber sofort verarbeiten.

GEGARTE GEMÜSERESTE

IN DER PFANNE

Anders als beim rohen Gemüse können klein geschnittene gegarte Gemüsereste gleichzeitig in Pfanne oder Wok gegeben und unter Rühren kurz erhitzt werden.

ALS GEMÜSESALAT

Das **Gemüse** – ideal sind Kürbis, Karotten, Knollensellerie, Süßkartoffeln und Kartoffeln – gleichmäßig klein würfeln und in einem Dressing aus **¼ Mayonnaise** und **¾ Joghurt** oder **Frischkäse** und etwas **Tomatenmark** anmachen. Kräftig würzen und mit reichlich frischer **Petersilie** mischen. Und vielleicht etwas Frisches untermischen, wie eine gewürfelte **Tomate** oder ein Stück **Gurke**. Auch fein: eine Tasse mit **TK-Erbsen** mit kochend heißem Wasser übergießen, nach 2 Minuten abgießen und eiskalt abschrecken, trocken tupfen und untermischen.

GEMÜSEPÜREE / GEMÜSESTAMPF

Die **Gemüsereste** nur kurz erhitzen und mit dem Kartoffelstampfer unter Zugabe von etwas **Frischkäse**, **Milch** oder **Brühe** grob zerdrücken. Oder feiner durchstampfen bzw. mit dem Stabmixer pürieren. Mit frischen **Kräutern** oder geriebenem **Käse** bestreuen oder mit einem Spiegelei und/oder kross gebratenem Frühstücksspeck anrichten.

BRATGEMÜSE

Die Gemüsereste wie für Bratkartoffeln in Scheiben schneiden und in einer großen Pfanne möglichst nebeneinanderliegend knusprig braten. Das geht auch gut mit vorgegarter Roter Bete aus der Folie. Man muss sie nur vor dem Braten gut trocken tupfen.

Kleinere Mengen **Bratgemüse** sind super für ein schnelles Omelett oder eine „Frittata". **2–3 Eier** mit einem Schuss **Milch** oder Sahne verschlagen, **salzen**, **pfeffern** und über das gebratene Gemüse gießen. Bei schwacher Hitze stocken lassen.

RESTE VON KARTOFFELN UND SÜSSKARTOFFELN

Wegen der langen Koch- oder Backzeit lohnt es sich, gleich ein paar Kartoffeln mehr zu kochen oder – bei Süßkartoffeln – zu backen.

Gekochte Kartoffeln vom Vortag lassen sich besser schneiden und sind somit praktisch für einen schnellen Kartoffelsalat, zumal das Kochen und Abkühlen der Kartoffeln entfällt.

Bratkartoffeln gelingen ebenfalls besser mit gekochten Kartoffeln vom Vortag.

Ebenso sind sie zum Mitnehmen ideal, z. B. zusammen mit einem Kräuterquark.

Auch in gesundheitlicher Hinsicht sind gekochte Kartoffeln von Vorteil: Beim Abkühlen entwickeln sie die sog. „resistente Stärke", wodurch die verwertbaren Kohlenhydrate reduziert werden. Aber das ist nur von Bedeutung, wenn man sich für Low Carb interessiert.

So wird aus gekochten und gepellten Kartoffeln ein schneller Stampf: einfach über Dampf erhitzen und dann zusammen mit etwas Butter und Milch mit dem Kartoffelstampfer zerdrücken.

ODER EINE SCHNELLE KARTOFFELSUPPE:

Zwiebelwürfel in etwas **Butter** oder Öl glasig dünsten und mit etwas **Brühe** aufgießen. Zerkleinerte gekochte **Kartoffelstücke** darin erhitzen und mit dem Stabmixer pürieren. So viel Brühe oder **Milch** zugeben, bis die gewünschte Konsistenz erreicht ist. Mit **Salz**, **Pfeffer** und frisch geriebener **Muskatnuss** abschmecken.

ABER:

Kartoffelpüree niemals mit dem Stabmixer zubereiten, der wird unangenehm kleisterig. Besser stampfen oder durch eine Kartoffelpresse drücken.

Aus einer einzelnen zerdrückten Kartoffel lässt sich wunderbar mit Essig, Senf und Öl ein tolles Dressing zubereiten.

SÜSSKARTOFFELN

Gegarte Süßkartoffeln lassen sich wie gegarte Kartoffeln verwenden. Besonders gut sind sie als Stampf oder Püree. Klein gewürfelt sind sie eine leckere Basis für eine Bowl mit Gemüse und Salat. Und zusammen mit Kichererbsen und Tahin ergeben sie einen großartigen Hummus!

REISRESTE

Reisreste sind besonders dankbar: Man denke nur einmal an den Bratreis in asiatischen Restaurants – die leckerste Resteverwertung überhaupt. Und eine perfekte Gelegenheit, um so richtig kreativ zu werden!

BRATREIS

Dazu erstmal **Zwiebelwürfel** oder Zwiebelringe in **Öl** andünsten für den runden Basisgeschmack. Wer mag, gibt noch etwas **Knoblauch** dazu. Dann vielleicht ein paar klein geschnittene oder im Blitzhacker zerkleinerte **Gemüsereste**. Den **Reis** darin gut anbraten. Toll vom Geschmack her und aufgrund seiner Eigenschaft, stark erhitzbar zu sein, ist Kokosöl. Dazu gibt es einen dezent asiatischen Touch. Für die Farbe vielleicht mit etwas **Kurkuma** oder **Currypulver** würzen, ½ TL ist genug. Dann mit **Sojasauce** und **Chili** abschmecken und vielleicht noch ein **Ei** hineinrühren. Wer hat, gibt noch einen Klecks **Mangochutney** darauf und/oder bestreut das Ganze mit leicht gerösteten **Kokosraspeln**.

REIS-BOWL

Wer sein Essen lieber überschaubar nebeneinander anrichtet, gibt den kurz erhitzten Reisrest in eine Schüssel und verteilt darauf etwas gegartes und etwas rohes Gemüse (z. B. dünn geraspelte Möhren), daneben Salat – vielleicht etwas Hähnchenfleisch oder Kichererbsen – und toppt die Bowl mit Erd- oder Wasabinüssen.

REISSALAT

Ebenso lecker und unendlich variabel sind Reis-Salate, z. B. mit einem Dressing aus Mayonnaise und Joghurt. Klein gewürfeltes gegartes Gemüse (siehe Seite 129) macht sich im Reissalat ebenso gut wie Obst: Ananas, Mango oder Mandarinen sind geradezu klassisch im Reissalat. Und für den richtigen Crunch gibt es noch geröstete Mandelblättchen obendrauf.

SUPPE MIT REIS

Reisreste, auch wenn sie noch so klein sind, machen sich gut als Suppeneinlage. Das geht am besten mit klaren Brühen, vielleicht mit ein paar Schinkenstreifen oder einem Eigelb und etwas Schnittlauch.

REISDESSERT

Gekochten **Reis** mit der gut doppelten Menge **Joghurt** mischen und mit etwas **Honig** oder Agavendicksaft süßen. Nach Belieben mit etwas **Zimt** würzen. Klein geschnittenes **Obst** oder Blaubeeren, gehackte **Nüsse** und/oder ein paar **Rosinen** untermischen.

NUDELRESTE

Im Prinzip macht man mit Nudelresten das Gleiche wie mit Reisresten: anbraten, mit verquirltem Ei übergießen und zu einem Nudel-Omelett stocken lassen. Oder in Brühe erhitzen, da kann man sich an Rezepten für Ramen orientieren. Oder die Nudelreste zu Salaten, Bratnudeln oder Nudel-Bowls verarbeiten. Und immer nach anderen Resten schauen: Alles, was der Kühlschrank gerade so hergibt und geschmacklich passt, kann verwertet werden. Bloß nichts wegwerfen!

PASTASALATE

1–2 EL Olivenöl mit **1–2 EL Tomatenmark** verrühren, dann unter die **Nudelreste** mischen, salzen und pfeffern. Dazu passen: **Thunfisch** aus der Dose und **Kapern** oder **Sardellenfilets**, **Oliven** und hart gekochte **Eier** in Vierteln. Immer gut: klein gehackte frische **Tomaten**. Oder man mischt **¼ Mayonnaise** mit **¾ Joghurt**. Dann mit **Pastaresten**, **Käsewürfeln** und grob gehackten **Walnusskernen** mischen. Fein dazu: ein paar halbierte **Weintrauben** oder 1 gewürfelter **Apfel**.

ALTES BROT

Es gibt absolut keinen Grund, altes Brot wegzuwerfen! Es gibt so viele Rezeptideen, die nicht nur Geld sparen, sondern auch noch richtig lecker schmecken.

PAPPIG GEWORDENES BROT

Man hat von dem Baguette nur eine Hälfte gegessen, und der Rest ist nun etwas gummiartig? Einfach mit ein wenig Wasser bestreichen und im Ofen bei 180 °C (Ober-/Unterhitze) 5–7 Minuten überbacken, bis es wieder kross ist. Ein zweites Mal funktioniert das aber nicht so gut. In dem Fall die Reste in Scheiben schneiden und an der Luft vollständig durchtrocknen lassen. Anschließend im Blitzhacker zu Semmelbröseln zerkleinern.

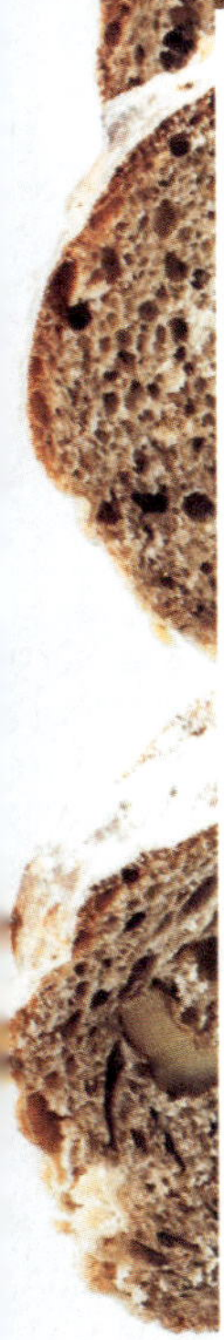

PANIERMEHL

Wenn das Weißbrot oder Baguette komplett durchgetrocknet ist, reibt man es am besten. Für größere Krümel (wie Pankomehl) eine grobe Reibe benutzen. Gröbere Krümel ergeben eine besonders knusprige Panierung.

Man kann die Brösel oder Krümel ganz einfach in etwas Öl oder einer Mischung aus Öl und Butter goldbraun und knusprig braten und dann über gedünstetes oder gedämpftes Gemüse geben.

HART GEWORDENES BROT

So wird hartes Brot wieder saftig: Das Brot in angefeuchtetes Küchenpapier einwickeln, sodass es rundum bedeckt ist. Anschließend für 10 Sekunden auf hoher Stufe in die Mikrowelle legen. Alternativ feuchtet man es an, wickelt es in Alufolie und bäckt es bei 180 °C (Ober-/Unterhitze) für 3–5 Minuten im Ofen.

TROCKENE BROTSCHEIBEN

Sie werden ebenfalls leicht angefeuchtet und dann im Toaster aufgebacken.

CROÛTONS

Dafür werden Brotscheiben vom Vortag klein gewürfelt und in Olivenöl bei mittlerer Hitze etwa 5 Minuten gebraten, dabei öfter wenden. Zum Schluss salzen. Man rechnet etwa 2 TL ÖL pro Brotscheibe. Croûtons sind lecker auf Suppen und Salaten.

BROTCHIPS

Das funktioniert am besten mit Baguette. Das Brot in dünne Scheiben schneiden, mit Butter bestreichen und salzen (eine Variante: Kräuterbutter oder Knoblauchbutter) und auf einem Blech mit Backpapier verteilen. Bei 175 °C (Umluft) im Ofen (Mitte) etwa 10 Minuten knusprig backen. Abkühlen lassen und in eine verschließbare Box füllen.

EIER-BROT-PFANNE

2 Scheiben altes **Brot**, z. B. Graubrot, in 2 x 2 cm große Stücke schneiden. Bei gut mittlerer Hitze in **1 EL Öl** anbraten. 1–2 EL fein gewürfelten **Schinken** zugeben. **2 Eier** mit etwa **50 ml Milch**, **Salz** und **Pfeffer** verrühren und darübergießen. Unter Rühren stocken lassen. Mit **Currypulver** oder **Paprika** bestäuben. Dazu passen Tomaten oder ein grüner Salat.

ARME RITTER ODER FRENCH TOAST

Für eine große Portion wird ein **Ei** mit **100 ml Milch** und 1 Prise Salz verschlagen. 3–4 Scheiben altes **Weißbrot** darin eintauchen. In **Öl** oder **Butter** von 1 Seite goldbraun braten. Mit **Zucker** und etwas **Zimt** bestreuen, wenden und weiterbraten, bis die Zuckerseite karamellisiert ist. Dazu passt Obstsalat, Apfelmus oder ein Klecks Joghurt mit etwas Ahornsirup.

SCHWARZBROTKRÜMEL

Altes **Schwarzbrot** reiben oder in Stücken im Blitzhacker zu Krümeln verarbeiten. Die Krümel mit **1 Prise Salz** in **Butter** braten, mit **Zucker** bestreuen und so lange rühren, bis der Zucker karamellisiert. Als Topping für Quarkspeisen, Joghurt oder Apfelmus. Für ein Schichtdessert abwechselnd Apfelmus, Quarkcreme, Himbeermarmelade und Schwarzbrotkrümel in ein Glas schichten.

Wichtig ist hier nur, dass schimmeliges Obst komplett entsorgt wird. Einzelne braune Stellen werden nur großzügig weggeschnitten. Obst, das lediglich weich ist, lässt sich noch wunderbar weiterverarbeiten.

ALTES OBST

SMOOTHIES & OBSTSAUCEN

Der einfachste Weg: alles klein schneiden und zusammen mit etwas Apfelsaft, Orangensaft oder Wasser im Mixer zu einem Smoothie pürieren. Besonders cremig werden Smoothies mit einem Stück Avocado. Bei eher säuerlichen Früchten, wie bestimmten Apfelsorten, Zwetschgen oder Johanissbeeren, kann man mit etwas Ahornsirup oder Honig nachsüßen. Für Obstsaucen das klein geschnittene Obst ohne Zugabe von Flüssigkeit pürieren, evtl. etwas zuckern. Zu Quarkspeisen oder Pfannkuchen servieren.

REIFE BANANEN

Am besten in Scheiben schneiden und einfrieren. Dann die gefrorenen Scheiben portionsweise mit frischen Früchten im Mixer zu „Nicecream" verarbeiten und fertig ist das schnellste Eis der Welt. Oder im Ganzen in Butter braten. Der fruchteigene Zucker lässt die Bananen karamellisieren. Sehr lecker mit etwas Joghurt oder als Beilage zu einem indonesisch angehauchten Reisgericht. Oder mit anderen Früchten zu einem Smoothie mixen. Zusätzlicher Zucker wird kaum nötig sein, dafür aber etwas Zitronen- oder Limettensaft, um die Bananen frischer schmecken zu lassen.

SCHRUMPELIGE ÄPFEL

Die Äpfel schälen, vierteln und entkernen. Dann in Spalten oder quer in Stückchen schneiden. Für ein Apfelmus aus **1 kg Äpfeln** werden **75 ml Wasser** mit **2 EL Zucker** und **1 Prise Salz** aufgekocht. Die Apfelstücke hineingeben und zugedeckt etwa 15 Minuten köcheln lassen. Anschließend mit dem Stabmixer pürieren. Nach Belieben mit etwas Zimt würzen. Warm oder kalt genießen. Bei weniger Äpfeln die Mengen für Wasser und Zucker anpassen.

Für gebratene **Äpfel** werden die Stücke in **Butter** gebraten. Nach 3–4 Minuten mit **Zucker** bestreuen und weiterbraten, bis der Zucker karamellisiert ist. Auch die gebratenen Äpfel kann man zu Mus pürieren, sie schmecken deutlich aromatischer als klassisches Apfelmus. Auf die gleiche Art können Birnen gebraten werden.

CHUTNEY

Aus reifen **Mangos** – aber auch aus Äpfeln oder Zwetschgen – kann man wunderbare Chutneys kochen: **1–2 gehackte Zwiebeln** in **Öl** glasig andünsten. Fein gehackten **Knoblauch** und evtl. gehackten Ingwer oder gehackte rote Chili kurz mitdünsten. Die klein geschnittenen Früchte zugeben, 2–3 EL Apfelessig, 2–4 EL Zucker und ½ TL Salz zugeben. Aufkochen und ohne Deckel etwa 30 Minuten köcheln, bis die Masse marmeladenähnlich einkocht. In saubere, kochend heiß ausgespülte Gläser füllen. Fest zuschrauben, für 5 Minuten auf den Kopf stellen, dann wieder umdrehen und abkühlen lassen. Im Kühlschrank mehrere Wochen haltbar. Je mehr Zucker und Essig enthalten ist, desto haltbarer das Chutney.

Wenn man nicht so große Mengen Obst übrig hat: einfach eine kleine Menge frisches Chutney kochen, das braucht dann auch weniger Essig und Zucker, weil es gleich gegessen wird und nicht lange haltbar sein muss. Sehr gut zu Reisgerichten oder zu kaltem Huhn. Und eine gute Basis für schnelle Dressings.

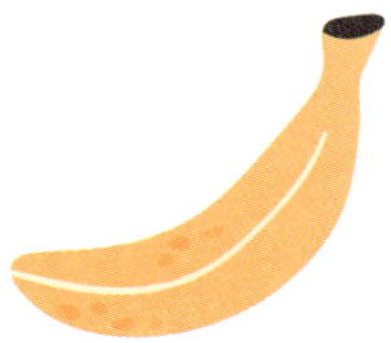

TEURE PRODUKTE

durch preiswertere ersetzen

SONNENBLUMENKERNE VS. PINIENKERNE

Zugegeben, Pinienkerne schmecken absolut köstlich, sind aber so teuer, dass sie oft nur in 50-g-Beutelchen verkauft werden. Für das Geld bekommt man locker 500 g Sonnenblumenkerne! Wenn man diese in einer Pfanne ohne Fett röstet, bis sie leicht goldbraun werden, kann man sie wunderbar über ein Müsli, einen Salat oder ein Gemüsegericht streuen, und natürlich kann man aus ihnen auch Pesto zubereiten (siehe Seite 74). Ähnlich fein schmecken geschälte Hanfsamen, die man roh oder geröstet verwenden kann.

Tolle Apps, die helfen, Lebensmittel zu retten und dabei auch noch Geld zu sparen

- Too Good To Go
- ResQ Club
- Zu gut für die Tonne!
- Etepetete (Bio-Kiste)

MAGERQUARK VS. SAHNEQUARK

Sahnequark schmeckt einfach runder und cremiger. Kein Wunder, wenn man auf den Fettgehalt schaut. Allerdings ist Sahnequark deutlich teurer als Magerquark, teilweise kostet er das Doppelte. Wenn man aber 1 EL mildes Olivenöl oder Rapsöl in den Magerquark rührt, bekommt der eine ähnlich cremige Konsistenz wie Sahnequark.

WASSER AUS FLASCHEN VS. LEITUNGSWASSER

Die Wasserrechnung wird sich kaum erhöhen, wenn man sein Trinkwasser aus dem Wasserhahn nimmt und kein Wasser in Glas- oder Plastikflaschen kauft. Mit einem Spritzer Zitronensaft wird es dazu richtig erfrischend.

SELBER MACHEN

spart richtig Geld

MÜSLI

Bei den meisten industriell produzierten Müslis zahlt man viel Geld für die Verpackung, den versteckten Zucker und oft für Zutaten, die man eigentlich gar nicht mag. Selbermixen ist das Einfachste der Welt, und man weiß vor allem, was wirklich drin ist!

Die Basis sind im Idealfall kernige Haferflocken. Die müssen kein Markenprodukt sein, die günstigen Eigenmarken der Supermärkte und Discounter sind absolut OK. Es bietet sich an, direkt eine 500-g-Tüte zu verarbeiten. Dazu nach Lust und Laune je **50 g Sonnenblumenkerne, Kürbiskerne, Kokosraspeln, Leinsamen** und **Rosinen** untermischen. Fertig! Ein großes Glas mit 750 g Müsli kostet weniger als 2 Euro und schmeckt vermutlich besser als so manches 6-Euro-Produkt.

HAFERMILCH

Es gibt mittlerweile zahllose Sorten von veganem Milchersatz. Wenn man auf die Zutatenliste schaut, sind oft Stabilisatoren, Emulgatoren und ähnliche Zutaten dabei, die man nicht so gerne zu sich nehmen möchte.

Beim Selbermachen weiß man genau, was drin ist. Und weitaus günstiger ist die selbst gemachte Hafermilch allemal! Dazu werden **25 g feine Haferflocken** im Mixer zu Mehl zerkleinert. Anschließend mit **500 ml kaltem Wasser** aufgießen, **1 gute Prise Salz** zugeben und etwa 2 Minuten auf höchster Stufe mixen. Anschließend durch ein sehr feines Sieb gießen und im Kühlschrank aufbewahren. Da ist sie 2–3 Tage haltbar. Wer es süßlicher mag, gibt noch **1–2 EL Agavendicksaft** hinein.

HANFSAHNE – VEGANE ALTERNATIVE ZU FRISCHKÄSE UND CRÈME FRAÎCHE

150 g geschälte Hanfsamen mit **150 ml Wasser** und **1 Prise Salz** im Mixer auf höchster Stufe 2 Minuten mixen, bis man eine cremige, halbfeste „Sahne" erhält.

Mit der 2–3-fachen Menge Wasser erhält man eine Hanfmilch.

Sollte der Mixer nicht so kraftvoll sein und noch Stückchen bleiben: einfach durch ein Tuch passieren und dieses fest ausdrücken. Die Reste kann man dann gleich in einen Aufstrich verarbeiten.

BROTAUFSTRICHE

Einen Rest gekochtes **Gemüse** mit **2–3 EL Kichererbsen** oder **weißen Bohnen** im Blitzhacker pürieren. **1–2 EL Tahin**, **Cashewmus** oder **Hanfsamenmus** – oder die ausgedrückten Reste der Hanfsamen – unterrühren, nochmals durchmixen und nach Geschmack würzen.

CASHEWMUS

Cashewmus ist richtig lecker und leider ziemlich teuer. Man kann es ganz einfach selber machen, und besonders günstig wird es, wenn man dazu Cashewbruch kauft, der deutlich billiger angeboten wird als die ganzen Cashewkerne.

Dazu **200 g Cashewbruch** auf einem Blech gleichmäßig verteilen. Bei 130 °C (Umluft) im Ofen (Mitte) 20 Minuten rösten, zwischendurch wenden. Herausnehmen, abkühlen lassen und im Blitzhacker in mehreren Intervallen erst zu „Grieß" und dann zu „Mehl" zerkleinern. Immer wieder pausieren, damit das Gerät nicht heiß läuft. Jetzt **1 TL Rapsöl** oder **Sonnenblumenkernöl** und etwas **Salz** zugeben und so lange weiterpürieren, bis eine glatte Creme entstanden ist. In ein kochend heiß ausgespültes kleines Schraubglas füllen und fest verschließen. Bei Zimmertemperatur lagern.

HANFSAMENMUS

200 g geschälte Hanfsamen im Blitzhacker in mehreren Intervallen zerkleinern, bis das darin enthaltene Öl austritt und die Masse cremig wird. Falls sie noch zu fest ist **1–2 TL Rapsöl** zugeben und mit **1 Prise Salz** abschmecken.

KRESSE SELBER ZIEHEN

Statt Kresse-Beete in Plastikverpackung zu kaufen, kann man sie ganz einfach selber ziehen. Dafür eine flache Schale mit einer doppelten Schicht Küchenpapier (ohne Aufdruck) auslegen, das zuvor mit Wasser ordentlich nass gemacht wurde. Nun die Kressesamen gleichmäßig darauf ausstreuen und täglich 2-3 Mal mit Wasser besprühen. Das Papier muss allerdings immer feucht sein! Nach etwa 7 Tagen kann man abfallfrei ernten.

FRÜHLINGSZWIEBELN GANZ UMSONST DURCH RE-GROW

Statt die Wurzelenden von Frühlingsziwebeln wegzuwerfen, stellt man sie lieber ins Wasserglas und lässt sie nachwachsen! Dafür von einem Bund Frühlingszwiebeln von unten etwa 3–4 cm große Stücke mit den Wurzeln abschneiden. Schmale Gläser zur Hälfte mit Glasmurmeln oder sauberen Kieselsteinen füllen, dann die Frühlingszwiebeln hineinstellen und so viel Wasser einfüllen, dass möglichst nur die Wurzeln im Wasser stehen, und dieses immer auffüllen. Alle 3 Tage das Wasser wechseln. Nach 8–10 Tagen ist so viel nachgewachsen, dass man ernten kann. Es bilden sich auch hin und wieder neue Seitentriebe, sodass man immer wieder einmal etwas abschneiden kann. Das funktioniert auch mit Lauch. Sogar aus dem unteren Teil eines Romana-Salates wächst ein neuer kleiner Salat heraus.

REGISTER

ÜBER DIE AUTORIN

Bettina Matthaei ist vielfach ausgezeichnete Buchautorin. Sie schreibt sehr erfolgreich Kochbücher für die führenden deutschen Kochbuchverlage. Für die Hamburger Manufaktur „1001 Gewürze" (www.1001gewuerze.de), für bekannte Köche und die gehobene Gastronomie entwickelt sie ausgefallene Gewürzmischungen. Ihre zahlreichen Reisen in die Gewürzländer der Welt inspirieren sie zu immer neuen Kreationen.

DANKE

Ich danke allen meinen liebsten Testessern, die mich durch die Zeit der Rezeptentwicklung tatkräftig unterstützt haben! Danke an Dani & Christoph, Tinki & Vinny, Nini & Ben und Tina & Adam! Ein besonders großes Danke geht an Knut und Ansgar: Ihr seid mit Abstand meine fleißigsten Testesser, die dazu noch Wein und gute Laune mitbringen und hinterher beim Aufräumen helfen. So macht Kochbuchschreiben richtig Spaß!

NOCH MEHR NACHHALTIGE BÜCHER

KOCH'S EINFACH – LÄSSIGE STUDENTENKÜCHE!
ISBN 978-3-96093-684-8
€ 20,00 (D) I € 20,60 (A)

KATERKOCHBUCH – REZEPTE FÜR HARTE TAGE
ISBN 978-3-96093-848-4
€ 15,00 (D) I € 15,50 (A)

EINFACH NACHHALTIG KOCHEN – DER UMWELT ZULIEBE
ISBN 978-3-96093-849-1
€ 18,00 (D) I € 18,50 (A)

VEGGIE FOR FUTURE – 150 REZEPTE & GUTE GRÜNDE, KEIN FLEISCH ZU ESSEN
ISBN 978-3-96093-708-1
€ 28,00 (D) I € 28,80 (A)

VEGAN FOR FUTURE – 111 REZEPTE & GUTE GRÜNDE, KEINE TIERISCHEN PRODUKTE ZU ESSEN
SBN 978-3-96093-868-2
€ 28,00 (D) I € 28,80 (A))

SPEEDY BOSH! SCHNELL – EINFACH – VEGAN
ISBN 978-3-7459-0506-9
€ 22,00 (D) I € 22,70 (A)

IMPRESSUM

Bibliografische Information der Deutschen Bibliothek.

Die Deutsche Bibliothek verzeichnet diese Publikation in der Deutschen Nationalbibliografie.

Detaillierte bibliografische Daten sind im Internet über http://www.dnb.de/ abrufbar.

EIN BUCH DER EDITION MICHAEL FISCHER

1. Auflage 2021

Covergestaltung & Satz: Michaela Zander
Layout: Silvia Keller
Projektleitung: Kira Weingarten
Lektorat: Paulina Schick
Foodstyling & Rezeptfotos: Lena Pfetzer
Alle anderen Fotos und Illustrationen: S. 2–3: Shutterstock/©Nelli Syrotynska; S. 7: Unsplash/©Gabriel Gurrola; S. 8–9: Shutterstock/© Borbala Tarczy; S. 10–11: Shutterstock/© SewCream; S. 12: Shutterstock/©SofiaV, ©mayrisio; S. 15: Shutterstock/©Fortyforks; S. 16: Shutterstock/©mayrisio; S. 17: Shutterstock/©Igisheva Maria; S. 18: Shutterstock/©Borbala Tarczy; S. 19: Unsplash/©Rezel Apacionado; S. 128: Shutterstock/©Foxys Forest Manufacture; S. 129: Shutterstock/©mayrisio; S. 130: Shutterstock/©Bozena Fulawka; S. 131: Shutterstock/©frank60; S. 132: Unsplash/©Louise Lyshøj; S. 133: Shutterstock/©Tartila; S. 134: Shutterstock/©Nataliia Sirobaba; S. 135: Shutterstock/©Fortyforks; S. 136: Shutterstock/©Oksana Mizina; S. 42: Unsplash/©Gaelle Marcel

ISBN 978-3-7459-0259-4

Gedruckt bei Polygraf Print, Čapajevova 44, 08001 Prešov, Slowakei

www.emf-verlag.de

Der Umwelt zuliebe ♡